AF299991

CODE PÉNAL

DE LA

MARINE MARCHANDE

—

MANUEL

A L'USAGE DE

MM. LES COMMANDANTS DES BATIMENTS DE L'ÉTAT
CONSULS ET VICE-CONSULS DE FRANCE
COMMISSAIRES DE L'INSCRIPTION MARITIME
CAPITAINES, MAITRES OU PATRONS DES BATIMENTS DU COMMERCE, ETC.

PAR

PAUL VINSON

SOUS-COMMISSAIRE DE LA MARINE

—

Deuxième édition, augmentée et mise à jour.

BERGER-LEVRAULT ET Cie, ÉDITEURS

PARIS | NANCY
5, RUE DES BEAUX-ARTS | MÊME MAISON

CODE PÉNAL

DE LA

MARINE MARCHANDE

DU MÊME AUTEUR

Code des contraventions à la police de la navigation et des
pêches maritimes, 1 volume édité par Ch. Thèze, Rochefort,
rue Chanzy, 123. — Prix : 2 fr.

CODE PÉNAL

DE LA

MARINE MARCHANDE

—

MANUEL

A L'USAGE DE

MM. LES COMMANDANTS DES BATIMENTS DE L'ÉTAT
CONSULS ET VICE-CONSULS DE FRANCE
COMMISSAIRES DE L'INSCRIPTION MARITIME
CAPITAINES, MAITRES OU PATRONS DES BATIMENTS DU COMMERCE, ETC.

PAR

PAUL VINSON

SOUS-COMMISSAIRE DE LA MARINE

———

Deuxième édition augmentée et mise à jour

BERGER-LEVRAULT ET Cie, ÉDITEURS

PARIS	NANCY
5, RUE DES BEAUX-ARTS	MÊME MAISON

1890

AVERTISSEMENT

Le décret-loi du 24 mars 1852, qualifié de Code PÉNAL *pour la marine marchande*, a été commenté, il y a trente-quatre ans, par M. Derche, dont l'ouvrage est réglementaire dans la marine, et a été rendu obligatoire à bord des bâtiments du commerce par la circulaire du 16 juin 1855 (*B. O.*, p. 367)[1].

Depuis cette époque, le commentaire Derche a subi un si grand nombre de modifications, que l'usage de ce document est devenu fort difficile. Nous avons pensé qu'il pouvait y avoir quelque utilité, sinon à refaire ce travail, du moins à réunir les éléments d'une sorte de *manuel* du code, entièrement mis à jour[2].

---

1. Voir aussi la circulaire du 17 janvier 1882, *B. O.*, p. 54.

2. M. Barbey, ministre de la marine, a déposé sur le bureau de la Chambre des députés un projet de loi, daté du 23 janvier 1890, qui modifie plusieurs dispositions du Code dont il s'agit. Nous aurons plusieurs fois l'occasion de citer ces modifications dans le cours de ce travail.

Ce *manuel* est divisé en trois titres. Dans le premier, nous avons classé les infractions à la police des équipages, en mettant en regard de chacune d'elles les pénalités auxquelles elles sont soumises. Dans le second, nous avons expliqué la juridiction compétente pour en connaître. Le troisième est consacré à la procédure. Chaque titre se subdivise, à son tour, en trois chapitres, dont l'un est particulier aux fautes de discipline, l'autre aux délits, et le dernier aux crimes.

Paris, juin 1890.

CODE PÉNAL

DE LA

MARINE MARCHANDE

TITRE PREMIER

INFRACTIONS ET PÉNALITÉS

Les infractions à la police des équipages, énoncées dans le Code disciplinaire et pénal pour la marine marchande, se divisent en fautes de discipline, délits et crimes, suivant que ce Code les punit de peines disciplinaires, de peines correctionnelles ou de peines afflictives ou infamantes (art. 1 et 2) [1].

CHAPITRE Ier

FAUTES DE DISCIPLINE

Les fautes de discipline sont (art. 58) :
1º La désobéissance *simple* [2] ;

---

1. Les articles entre parenthèses sont ceux du décret-loi du 24 mars 1852 (*B. O.*, p. 402).

2. La désobéissance, *compliquée d'un refus formel d'obéir* ou *avec injures ou menaces*, constitue un délit (voir le chapitre II ci-après).

2° La négligence à prendre son poste ou à s'acquitter d'un travail relatif au service du bord ;

3° Le manque au quart ou le défaut de vigilance pendant le quart ;

4° L'ivresse *sans désordre*[1] ;

5° Les querelles ou disputes, *sans voies de fait*[2], entre les hommes de l'équipage ou les passagers ;

6° L'absence du bord sans permission, *quand elle n'excède pas 3 jours*[3] ;

7° Le séjour illégal à terre, *moins de 3 jours après l'expiration d'un congé*[4] ;

8° Le manque de respect aux supérieurs[5] ;

9° Le fait d'avoir allumé une première fois des feux sans permission ou d'avoir circulé dans des lieux où cela est interdit à bord, avec des feux, une pipe ou un cigare allumés ;

10° Le fait de s'être endormi une première fois, étant à la barre, en vigie ou au bossoir ;

11° Enfin et, généralement, tous les faits de négligence ou de paresse, qui ne constituent qu'une faute légère, ou un simple manquement à l'ordre ou au service du navire, ou aux obligations stipulées dans l'acte d'engagement[6].

---

1. L'ivresse *avec désordre* est un délit.

2. Les voies de fait constituent un délit.

3-4. Voir au chapitre II ci-après les délits de désertion.

5. Les supérieurs des matelots, novices et mousses, sont, après les officiers, les maîtres d'équipage et leurs égaux, les aides-mécaniciens et les premiers chauffeurs (art. 57 et décret du 21 septembre 1864, art. 3, *B. O.*, p. 238).

6. Sont aussi considérées comme fautes de discipline, les infractions au décret du 9 janvier 1852 (*B. O.*, p. 44) et des règlements sur la pêche côtière que les commissaires de l'inscription maritime, en raison de leur peu de gravité, ne croient pas devoir déférer aux poursuites du ministère public (art. 58).

La pénalité de ces fautes est un emprisonnement ou une interdic-

La pénalité est *l'une*[1] des peines spécifiées ci-dessous, qui varient selon qu'il s'agit des hommes de l'équipage, des officiers, des passagers de chambre et des passagers d'entre-pont (art. 52).

POUR LES HOMMES DE L'ÉQUIPAGE (art. 52).

1° La consigne à bord, pendant huit jours au plus ;

2° Le retranchement de la ration de boisson fermentée, pour trois jours au plus[2] ;

3° La vigie sur les barres de perroquet, dans la hune, sur une vergue ou au bossoir, pendant une demi-heure au moins et quatre heures au plus[3] ;

4° La retenue de 1 à 30 jours de solde, si l'équipage est engagé au mois, ou de 2 à 50 fr., s'il est engagé à la part[4] ;

5° La prison, pendant 8 jours au plus ;

6° L'amarrage à un bas mât sur le pont, dans l'entre-pont

---

tion de pêche de un à cinq jours, prononcés par les commissaires de l'inscription maritime (*Idem* et décret du 22 novembre 1883, *B. O.*, p. 791).

Les commissaires de l'inscription maritime ne doivent user de l'action disciplinaire dont il s'agit qu'avec de grands ménagements (circ. du 26 mars 1864, *B. O.*, p. 222) et elle ne saurait s'appliquer aux détenteurs de pêcheries qui ne sont pas inscrits maritimes (circ. du 27 mars 1852, *B. O.*, p. 388. Voir aussi notre *Code des contraventions à la police des pêches maritimes*).

1. Voir les circulaires des 3 octobre 1883 et 21 septembre 1888, *B. O.*, p. 398 et 383.

2. *Et à deux repas par jour*, ajoute le projet de loi Barbey.

3. Le projet de loi Barbey fait disparaître cette peine du Code.

4. Le projet de loi Barbey réduit à *dix jours* le maximum de la retenue de solde si l'équipage est engagé au mois, et à *vingt francs* s'il est engagé à la part.

ou dans la cale, pendant un jour au moins et trois jours au plus, à raison d'une heure au moins et de quatre heures au plus par jour [1];

7° La boucle au pied, pendant cinq jours au plus;

8° Le cachot, pendant cinq jours au plus.

La peine de la boucle et du cachot peut être accompagnée du retranchement de la ration de boisson fermentée, ou même de la mise au pain et à l'eau [2]. S'il s'agit d'un homme dangereux ou en prévention de crime, elle peut être prolongée aussi longtemps que la nécessité l'exige ; mais, dans ce cas, il n'y a lieu qu'au retranchement de boisson fermentée (art. 52).

Le prix de la ration retranchée est déterminé par le commissaire de l'inscription maritime du port de désarmement du navire (art. 88). Le jour comprend, à ce point de vue, trois repas, évalués chacun à 10 centimes par les chambres de commerce du littoral.

Les marins qui, pendant la durée de la peine de la prison, de la boucle ou du cachot, sont remplacés dans le service à bord du navire auquel ils appartiennent, supportent, au moyen d'une retenue sur leurs gages, les frais de ce remplacement (art. 59).

La retenue de solde étant la peine la plus préjudiciable, non seulement aux inscrits maritimes, mais à leurs familles, ne doit être prononcée qu'avec prudence, et lorsqu'il est bien certain qu'aucune autre ne serait aussi appropriée à une bonne et sage répression (circ. des 2 mai 1884 et 21 septembre 1888, *B. O.*, p. 836 et 383).

Dans les prisons, les mousses et novices doivent, autant

---

1. Le projet de loi Barbey supprime cette peine.

2. La mise au pain et à l'eau est supprimée par le projet de loi Barbey.

que possible, être isolés des autres détenus (circ. du 13 février 1885, *B. O.*, p. 291).

Les frais de détention sont supportés par l'État, aux termes des règlements en vigueur. On ne doit donc jamais les réclamer aux capitaines et armateurs; ils ne doivent pas davantage être recouvrés sur les détenus (circ. du 26 avril 1880, *B. O.*, p. 802).

Toutes les sommes provenant des réductions de solde ou de rations prononcées sont versées dans la caisse des invalides de la marine (art. 88).

POUR LES OFFICIERS (art. 52).

1° La retenue de 10 à 40 jours de solde, s'ils sont engagés au mois; ou de 20 à 150 fr. s'ils sont engagés à la part[1].

2° Les arrêts simples, pendant quinze jours au plus, avec continuation de service;

3° Les arrêts forcés dans la chambre, pendant dix jours au plus[2];

4° La suspension temporaire des fonctions avec exclusion de la table du capitaine et suppression de solde[3];

5° La déchéance de l'emploi d'officier, avec obligation de faire le service de matelot à la paye de ce grade jusqu'à l'époque du débarquement[4].

---

1. Le projet de loi Barbey porte cette retenue de solde d'un à vingt jours dans le cas d'engagement au mois; et de 10 à 100 fr. dans le cas d'engagement à la part.

2-3. Avec le projet de loi Barbey, les arrêts forcés et la suspension temporaire sont toujours accompagnés de la suppression de la moitié de la solde, si l'officier est engagé au mois, et d'une retenue pouvant s'élever jusqu'à 100 fr. s'il est engagé à la part.

4. Le projet de loi Barbey supprime cette pénalité.

Les officiers qui refusent de se soumettre à ces peines peuvent être mis aux arrêts forcés pendant dix jours au plus, avec prolongation autant que la nécessité l'exige, lorsqu'il s'agit d'un homme dangereux ou en prévention de crime (art. 54)[1].

Le Code entend par *officiers* : le capitaine, maître ou patron ; le second ; les lieutenants ; le chef mécanicien et les mécaniciens chargés en sous-ordre de la direction d'une machine de 300 chevaux (effectifs) au moins ; le commissaire de paquebots ; le subrécargue et le médecin (art. 57, déc. du 21 septembre 1864, *B. O.*, p. 238, et projet de loi Barbey).

La peine de la *déchéance de l'emploi d'officier* n'est pas applicable aux maîtres d'équipage ni aux aides-mécaniciens et premiers chauffeurs, puisqu'ils ne sont pas officiers. Il peut cependant arriver qu'un capitaine se trouve dans l'impossibilité de conserver, dans le même poste, un maître d'équipage ou un autre agent inférieur du navire, incapable ou insubordonné. Dans ce cas, l'autorité appelée à décider doit, s'il s'agit d'incapacité, proposer aux deux parties une convention d'après laquelle l'agent consent à continuer le voyage avec un emploi et un salaire inférieurs. Ce nouvel engagement est annexé au rôle et inscrit à l'article de l'intéressé. Si l'agent refuse, ou si, étant capable de remplir son emploi, il ne peut être maintenu, dans l'intérêt de la discipline, on doit le débarquer d'office, en réclamant une plainte écrite du capitaine, et après avoir procédé à une enquête sommaire pour constater les faits. La plainte et le procès-verbal de l'enquête sont transmis au port d'armement du

---

1. Avec le projet de loi Barbey, ces dispositions du Code n'existent plus en ce qui concerne les officiers.

navire, et il y a lieu de statuer sur l'imputation des frais de rapatriement, conformément à l'article 2 du décret du 7 avril 1860 (*B. O.*, p. 341), en décidant, d'après les circonstances, s'ils doivent être mis à la charge de l'homme débarqué ou de l'armement (circ. du 19 février 1886, *B. O.*, p. 259).

Le montant des retenues de solde prononcées est, ici encore, versé dans la caisse des invalides (art. 88). Toutefois, la réduction de salaire des officiers déchus de leur emploi profite tout entière aux armateurs (circ. du 27 mars 1886, *B. O.*, p. 603).

POUR LES PASSAGERS DE CHAMBRE (art. 52).

1° L'exclusion de la table du capitaine ;
2° Les arrêts dans la chambre.

POUR LES PASSAGERS D'ENTRE-PONT (art. 52).

La privation de monter sur le pont, pendant plus de deux heures chaque jour.

Ces peines ne peuvent être appliquées pendant plus de huit jours consécutifs (art. 52). Comme les officiers, les passagers qui refusent de s'y soumettre peuvent être mis aux arrêts forcés, pendant dix jours au plus, avec prolongation autant que de besoin, lorsqu'il s'agit d'un homme dangereux ou en prévention de crime (art. 54).

Le capitaine, maître ou patron, ne peut pas être frappé de peines disciplinaires, parce que, chargé de la police du navire, il ne saurait contrevenir à ses propres directions. S'il manque à ses devoirs, ses fautes deviennent aussitôt des délits, à cause de la gravité qu'elles empruntent à sa situation spéciale (circ. du 22 septembre 1880, *B. O.*, p. 503).

Les peines disciplinaires sont prononcées au choix des autorités qui ont le droit de les appliquer (art. 58). Lorsqu'une ou plusieurs fautes de discipline sont signalées, on ne doit infliger qu'*une seule* de ces peines, sauf à la porter à son maximum, s'il y a lieu de se montrer rigoureux. Les fautes de discipline réitérées constituent d'ailleurs un délit (circ. du 3 octobre 1883, *B. O.*, p. 397).

La condamnation à une peine supérieure au maximum prévu par le Code est illégale, la loi ayant jugé ce maximum suffisant pour toutes les nécessités de la répression. Ce cumul ou cette aggravation arbitraire des peines ont souvent pour motif la nature même ou la répétition des faits dont les marins se rendent coupables. Or, dans le cas de répétition de fautes de discipline, ainsi que nous l'avons déjà dit, il y a délit. Sans doute, l'autorité qui a le droit de punir peut apprécier avec une certaine latitude l'importance des faits coupables ; mais, quand les caractères constitutifs du délit sont évidents, elle doit se dessaisir au profit de la juridiction compétente. Si le tribunal ne peut pas être formé, il n'y a qu'un parti à prendre, c'est d'apostiller la plainte, de procéder à une instruction complète et de charger le capitaine de remettre le prévenu et les pièces de procédure à l'autorité du lieu où le jugement de l'affaire peut être obtenu. Dans les cas exceptionnels où le prévenu ne saurait être maintenu sans danger à bord de son navire, il devrait être débarqué et rapatrié par la première occasion, les frais de passage restant à la charge de l'État, conformément aux dispositions du deuxième paragraphe de l'article 15 du décret du 7 avril 1860 (circ. du 21 septembre 1888, *B. O.*, p. 383).

CHAPITRE II

DÉLITS

Les délits maritimes peuvent se diviser, en raison des peines qui leur sont appliquées, en délits ordinaires et délits spéciaux.

§ 1ᵉʳ. — *Délits ordinaires.*

Les délits ordinaires sont (art. 60) :

1° Les fautes de discipline *réitérées*[1] ;

2° La désobéissance, *accompagnée d'un refus formel d'obéir*[2] ;

3° La désobéissance, *avec injures ou menaces*[3] ;

4° Les rixes ou voies de fait entre les hommes de l'équipage, *lorsqu'elles ne donnent pas lieu à une incapacité de travail de plus de 30 jours*[4] ;

5° L'ivresse *avec désordre*[5] ;

6° L'emploi, sans autorisation, d'une embarcation du navire ;

7° La dégradation d'objets à l'usage du bord ;

8° L'altération de vivres ou marchandises par le mélange de substances *non malfaisantes*[6] ;

---

1. Voir les circulaires des 3 octobre 1888 et 21 septembre 1888, *B. O.*, p. 398 et 383.

2, 3, 4, 5. Voir les délits spéciaux.

6. L'altération des vivres *par le mélange de substances malfaisantes* est un crime.

9° Le détournement ou le gaspillage des vivres ou des liquides à l'usage du bord ;

10° L'embarquement clandestin d'armes à feu, d'armes blanches, de poudres à tirer, de matières inflammables ou de liqueurs spiritueuses [1] ;

11° Le vol commis par un officier-marinier, un matelot, un novice ou un mousse, *quand la valeur de l'objet n'excède pas 10 fr., et qu'il n'y a pas eu effraction* [2] ;

12° La désertion [3] ;

13° Les voies de fait contre un supérieur, *lorsqu'elles ne donnent pas lieu à une maladie ou à une incapacité de travail de plus de 30 jours* [4] ;

14° La rébellion envers le capitaine ou l'officier commandant le quart, lorsqu'elle a lieu en réunion d'un nombre quelconque de personnes, sans excéder le tiers des hommes de l'équipage [5], y compris les officiers [6].

---

1. Ces objets sont saisis par le capitaine, et, suivant qu'il y a lieu, d'après leur nature comme d'après les circonstances, détruits ou séquestrés dans sa chambre, pour être, dans ce dernier cas, confisqués au profit de la caisse des invalides de la marine, à l'expiration du voyage (art. 60).

Le projet de loi Barbey ajoute à cette prescription de la loi la disposition suivante relative aux passagers : *sans préjudice des poursuites à exercer contre le passager qui ne se conformerait pas à la teneur de son billet de passage.*

2. Voir les délits spéciaux.

3. Le délit dont il est ici question est particulier aux non-inscrits ou aux étrangers, qui ne sauraient être atteints par la peine de l'embarquement extraordinaire à solde réduite sur un bâtiment de l'État (circ. des 26 novembre 1852 et 5 août 1854, *B. O.*, p. 230 et 496). Voir la désertion des gens de mer aux délits spéciaux.

4. Voir les délits spéciaux.

5. Voir les crimes.

6. Le projet de loi Barbey spécifie dans l'énonciation de ce délit que la rébellion est *non armée*, afin de bien le distinguer du crime de rébellion *armée* mentionné à l'article 95 du Code.

La pénalité est l'une des peines spécifiées ci-dessous (art. 60 et 55) :

1° L'amende de 16 à 300 fr. ;

2° La boucle, pendant 20 jours au plus, avec ou sans retenue d'une partie de la solde, qui ne peut excéder la moitié ;

3° L'embarquement sur un bâtiment de l'État, à moitié solde de leur grade pour les officiers-mariniers, ou à deux tiers de solde pour les quartiers-maîtres et les matelots[1] ;

4° La perte ou la suspension de la faculté de commander;

5° L'emprisonnement, pendant 6 jours au moins et 5 ans au plus[2].

Ces peines, comme celles qui frappent les fautes de discipline, sont prononcées au choix des juges (art. 60). En cas de conviction de plusieurs délits, la peine la plus forte est seule infligée (Code d'instruction criminelle, art. 365, et circ. 20 octobre 1852, *B. O.*, p. 370).

Le Ministre de la marine peut, par continuation, infliger la peine de la perte ou de la suspension de commandement, lorsqu'il le juge nécessaire, après une enquête contradictoire, dans laquelle le capitaine est entendu (art. 87 et circ. 22 septembre 1880, *B. O.*, p. 503).

L'embarquement correctionnel sur un bâtiment de l'État ne peut avoir une durée de plus de 3 ans (circ. du 5 août 1854, *B. O.*, p. 227) ; il ne compte ni pour l'avancement, ni pour les examens de capitaine du commerce (art. 55), ni pour l'accomplissement du temps dû à l'État (circ. du 25 mai 1858, *B. O.*, p. 543), ni pour l'envoi en congé renouvelable

---

1. Le projet de loi Barbey supprime cette pénalité, partout où elle est mentionnée dans le Code.

2. Le projet de loi Barbey fixe à deux ans le maximum de cet emprisonnement.

ou l'obtention d'une haute-paie d'ancienneté (circ. du 30 avril 1864, *B. O.*, p. 339), ni pour la prime de réadmission (circ. 5 juin 1878, *B. O.*, p. 1052).

Les marins embarqués dans ces conditions ne peuvent pas être réintégrés dans leur paye, mais ils peuvent être avancés, s'ils sont relevés de leur peine. Ils peuvent même être compris dans les procès-verbaux d'avancement des bords, à partir de la date d'expédition des recours en grâce les concernant, sauf annulation de l'avancement si la mesure de faveur présentée pour eux est rejetée (circ. des 20 octobre 1854 et 6 avril 1859, *B. O.*, p. 644 et 227).

Dans le cas de condamnation à l'embarquement, il y a lieu de tenir compte, pour le prononcé de la peine, du grade réel de l'accusé, de son grade au service, et non du grade conventionnel qu'il a à bord du navire sur lequel il est embarqué (*B. O.* 1853, §2, p. 857, et circ. du 6 septembre 1853, *B. O.*, p. 588).

Toutes les sommes provenant des amendes et des réductions de soldes prononcées, sont, ici aussi, versées dans la caisse des invalides (art. 88).

§ 2. — *Délits spéciaux.*

Les délits maritimes spéciaux sont :

N° 1.

De la part de tout marin, les outrages par paroles, gestes ou menaces, envers son capitaine ou un officier du bord (art. 61).

La peine est un emprisonnement de six jours à un an, auquel il *peut*[1] être ajouté une amende de 16 à 100 fr. (*idem*).

N° 2.

De la part de tout marin, les outrages par paroles, gestes ou menaces, envers son supérieur (art. 62).

La peine est un emprisonnement d'un mois à deux ans *et*[2] une amende de 50 à 300 fr. (*idem*).

N° 3.

De la part de toute personne, les voies de fait envers le capitaine ou un officier du bord (art. 63).

La peine est un emprisonnement de trois mois à trois ans[3] et une amende de 25 à 500 fr. (*idem*).

Si les voies de fait ont déterminé une maladie ou une incapacité de travail de plus de trente jours, les coupables sont punis conformément à l'article 309 (modifié par la loi du 13 mai 1863) du Code pénal ordinaire. Le délit est alors de droit commun et de la compétence des tribunaux ordinaires (art. 2, 63 et arrêt de la Cour de cassation du 24 mai 1884, *B. O.*, 2° §, p. 338).

N° 4.

De la part de tout marin, le refus formel d'obéir aux ordres

---

1. L'amende est donc facultative.
2. L'amende se cumule ici avec l'emprisonnement.
3. Le projet de loi Barbey fixe à *deux ans* le maximum de cet emprisonnement.

du capitaine ou d'un officier du bord pour assurer la manœuvre (art. 64).

La peine est un emprisonnement de six jours à six mois, auquel il *peut* être ajouté une amende de 16 à 100 fr. (*idem*).

N° 5.

De la part de toute personne, le refus formel d'obéir aux ordres donnés pour assurer le salut du navire ou de la cargaison, ou pour le maintien de l'ordre (art. 64).

La peine est un emprisonnement de trois mois à cinq ans, auquel il *peut*, en outre, être ajouté une amende de 100 à 300 fr. (*idem*)[1].

N° 6.

De la part des *gens de mer*[2], la désertion à l'intérieur, c'est-à-dire le fait de s'absenter sans permission, dans un port de France, pendant trois fois vingt-quatre heures, de leur navire ou du poste où ils ont été placés, ou de laisser partir le navire sans se rendre à bord, après avoir contracté un *engagement* (art. 65).

L'engagement n'est réputé contracté qu'après la *revue d'armement*. De plus, pour qu'il y ait réellement culpabilité, il faut que le marin ait été prévenu du jour du départ et se soit volontairement abstenu de se rendre à bord (circ. du 27 mars 1852, *B. O.*, p. 388).

---

1. Le projet de loi Barbey assimile ce délit à la rébellion non armée et le punit, suivant les cas, des peines édictées aux articles 55 du Code (délits ordinaires) et 95 (délits spéciaux, voir le n° 7).

2. Le projet de loi Barbey ajoute : et de *toutes autres personnes engagées*.

La peine est un emprisonnement de six jours[1], élevé de quinze jours à deux mois pour les novices et les mousses[2]. Les officiers-mariniers et les matelots sont, de plus, levés pour le service de l'État et embarqués extraordinairement, pendant une durée de six mois à un an, à moitié solde (les premiers), ou à deux tiers de solde (les derniers) de leur grade (art. 65 et 55).

Cette peine n'est pas applicable aux non-inscrits, ni aux étrangers qui, ainsi que nous l'avons déjà fait remarquer, ne sauraient être embarqués correctionnellement sur un bâtiment de l'État (circ. du 5 août 1854, *B. O.*, p. 230), mais elle atteint les marins se rendant comme passagers à Terre-Neuve pour y pratiquer la pêche (circ. du 26 février 1885, *B. O.*, p. 365).

Lorsque les *gens de mer* sont indignes ou incapables de servir dans la flotte, la peine de l'embarquement ne doit pas moins être prononcée contre eux. C'est à l'administration de la marine à voir ensuite ce qu'elle doit faire du condamné (circ. des 19 mars 1874 et 30 novembre 1882, *B. O.*, p. 365 et 927).

Le capitaine, maître ou patron du navire sur lequel le déserteur était embarqué peut obtenir sa réintégration à bord, en cas d'arrestation opérée avant le départ; mais, alors, ses gages sont réduits de moitié à partir du jour de la désertion jusqu'à l'expiration de l'engagement (art. 65)[3].

Tout déserteur perd de droit (à moins qu'il ne soit acquitté, circ. du 20 janvier 1879, *B. O.*, p. 58) la solde par lui acquise

---

1. Le projet de loi Barbey porte cet emprisonnement de *quinze jours à six mois.*

2. Le projet de loi Barbey remplace l'expression : *novices et mousses,* par celle : *déserteurs âgés de moins de vingt et un ans* (voir le n° 7).

3. Le projet de loi Barbey supprime cette disposition du Code.

sur le bâtiment auquel il appartenait au jour du délit. La moitié de cette solde retourne à l'armement et l'autre moitié est versée dans la caisse des invalides (art. 69 et circ. du 13 juillet 1857, *B. O.*, p. 596) à l'exception de ces allocations dites *pratiques* ou *gratifications*, figurant parmi les dépenses communes de l'armement, qui sont payées aux hommes spéciaux faisant partie des équipages des navires employés aux grandes pêches (circ. du 20 septembre 1877, *B. O.*, p. 402).

Si le déserteur est redevable envers l'armement à l'époque de sa désertion, il est pourvu à l'acquittement de sa dette par voie de retenues sur sa solde au service de l'État (art. 69). Les retenues sont faites conformément aux prescriptions des circulaires des 31 janvier 1858 et 9 juillet 1866, *B. O.*, p. 33 et 10.

Les commissaires de l'inscription maritime peuvent faire garder un navire afin d'empêcher la désertion (circ. du 2 décembre 1879, *B. O.*, p. 862). Voir le tarif des allocations attribuées, dans ce cas, à la gendarmerie (circ. des 12 juillet 1880 et 31 avril 1881, *B. O.*, p. 1065 et 547).

L'absent arrêté paie les frais de sa recherche, d'après le tarif applicable aux marins de l'État (circ. des 9 octobre 1857 et 12 août 1861, *B. O.*, p. 809 et 136 ; tarif du 9 juin 1880, *B. O.*, p. 1065 ; tarif n° 25 du décret du 29 septembre 1886).

N° 7.

De la part des officiers-mariniers et matelots[1], la désertion à l'extérieur, c'est-à-dire le fait de s'absenter sans permission sur une rade étrangère ou dans un port étranger, pendant

---

1. Le projet de loi Barbey remplace l'expression : *officiers-mariniers et matelots* par celle : *gens de mer et tous autres engagés.*

deux fois vingt-quatre heures, de leur navire ou du poste auquel ils ont été placés (art. 66)[1];

2° De la part des gens de mer, la désertion dans les colonies françaises (art. 67);

3° De la part de tout inscrit maritime[2], le fait d'être trouvé sur un navire (ou à *terre*, étant attaché à un navire, circ. du 28 septembre 1882, *B. O.*, p. 575) appartenant à une puissance étrangère, s'il ne peut présenter une permission en règle d'une autorité française, ou prouver que son embarquement est résulté d'un cas de force majeure (art. 67).

La peine est, pour chaque cas, un emprisonnement d'un mois[3] *et* une campagne extraordinaire d'un à deux ans, à solde réduite, sur un bâtiment de l'État (art. 66, 67, 55 et arrêt de la Cour de cassation du 6 juillet 1877, *B. O.*, p. 98).

Les novices et les mousses sont condamnés à un emprisonnement d'un à trois mois (art. 66).

Si le déserteur est arrêté et remis au capitaine, il achève le voyage à demi-gages; mais il n'en est pas moins passible des peines portées ci-dessus (*idem*)[4].

Nous pouvons répéter ici ce que nous avons dit plus haut sur la perte et la destination de la solde du déserteur (art. 69).

La désertion à l'étranger et dans les colonies françaises ne vise que les gens de mer qui s'absentent d'un bâtiment expédié de France, ou faisant dans les colonies une navigation

---

1. Le projet de loi Barbey ajoute : *ou qui laissent partir le navire sans se rendre à bord.*

2. Le projet de loi Barbey ajoute : *définitif.*

3. Le projet de loi Barbey porte cet emprisonnement *d'un mois à un an.*

4. Le projet de loi Barbey ne fait plus mention de cette disposition du Code.

assimilée au long cours ou au cabotage (circ. du 5 novembre 1852, *B. O.*, p. 407).

La permission pour pouvoir naviguer à l'étranger est accordée par le ministre de la marine aux marins susceptibles d'être rappelés au service, et par les commissaires de l'inscription maritime aux inscrits mobilisables. Les cinquantenaires ou hors de service n'ont besoin d'aucune autorisation (circ. des 11 juin 1878 et 7 juillet 1887, *B. O.*, p. 1056 et 48).

Lorsque les navires étrangers sur lesquels les marins inscrits désirent embarquer sont dans un port de France, les commissaires de l'inscription maritime sont autorisés à donner les permissions dans tous les cas (circ. du 17 juillet 1888, *B. O.*, p. 50).

<h2 style="text-align:center">N° 8.</h2>

De la part des officiers-mariniers et matelots[1], le fait réputé également désertion, d'être trouvés à bord d'un navire de commerce navigant sous pavillon d'une puissance en guerre avec la France (art. 68).

La peine est un emprisonnement de deux à six mois[2] et une campagne de trois ans sur un bâtiment de l'État, avec réduction de solde (art. 68, 55 et arrêt de la Cour de cassation du 6 juillet 1877, *B. O.*, p. 98).

Dans ce cas, les novices et les mousses sont condamnés à *six mois de prison*[3] (art. 68).

---

1. Le projet de loi Barbey substitue à l'expression : *officiers-mariniers et matelots*, celle : *les inscrits définitifs*.

2. Le projet de loi Barbey porte cet emprisonnement *de six mois à deux ans*.

3. Le projet de loi Barbey ne fait plus mention de cette pénalité pour les novices et les mousses.

N° 9.

De la part de toutes personnes autres que les *gens de mer*, la complicité de désertion (art. 70 et circ. du 27 mars 1852, B. O., p. 388).

La peine est une amende de 16 à 500 fr. *et* un emprisonnement de dix jours à trois mois (*idem*).

Les *gens de mer* complices de la désertion sont punis des mêmes peines que les déserteurs (*idem*)[1].

N° 10.

De la part des gens de mer, le fait d'embarquer ou de débarquer, à l'insu du capitaine, maître ou patron, des objets dont la saisie constitue l'armement en frais et dommages (art. 71).

La peine est un emprisonnement d'un mois à un an, indépendamment de l'amende encourue à raison de la saisie, et sans préjudice de l'indemnité due à l'armement pour les frais que la saisie a pu lui occasionner (*idem*).

La pénalité dont il s'agit étant destinée à assurer l'exécution des lois de douane, c'est surtout à l'administration des douanes ou aux parties lésées qu'il appartient de rechercher les contraventions, lorsqu'elles sont commises par des gens de mer. Les commissaires de l'inscription maritime qui, en l'absence de toute plainte, évoqueraient ces sortes d'affaires,

---

1. D'après le projet de loi Barbey, les complices de la désertion (sans distinction) sont punis des mêmes peines que le déserteur, et l'amende ne vient se joindre à la peine que pour les complices qui ne font pas partie de l'équipage.

dépasseraient le but que s'est proposé la loi (circ. du 24 mai 1852, *B. O.*, p. 460).

N° 11.

De la part de tout officier, le fait de maltraiter ou de frapper, *hors le cas de nécessité absolue*, un marin ou un passager (art. 72).

La peine est un emprisonnement de six jours à trois mois (*idem*).

La peine *peut* être doublée s'il s'agit d'un novice ou d'un mousse (*idem*).

Si les voies de fait ont occasionné une maladie ou une incapacité de travail de plus de trente jours, le coupable est puni conformément à l'article 309 (modifié) du Code pénal ordinaire, et par la juridiction de droit commun (art. 72 et arrêt de la Cour de cassation du 24 mai 1884, *B. O.*, p. 338).

N° 12.

De la part de tout officier, le fait de s'enivrer habituellement, ou pendant qu'il est de quart (art. 73).

La peine est un emprisonnement de quinze jours à un mois *et* une amende de 50 à 300 fr. (*idem*).

N° 13.

De la part de tout capitaine, maître, patron ou officier, le fait de détruire, de dégrader ou de vendre volontairement un objet utile à la navigation, à la manœuvre ou à la sûreté du navire (art. 74).

La peine est un emprisonnement de quinze jours à trois mois (*idem*).

N° 14.

De la part de tout capitaine, maître, patron ou officier, le fait d'altérer volontairement, hors le cas de force majeure, les vivres, boissons et autres objets de consommation destinés aux passagers et à l'équipage, *lorsqu'il n'y a pas* eu mélange de substances malfaisantes[1].

La peine est un emprisonnement de quinze jours à trois mois, auquel il *peut* être ajouté une amende de 16 à 300 fr. (art. 74 et 75).

N° 15.

De la part de tout capitaine, maître ou patron, le fait de priver l'équipage, hors le cas de force majeure, de l'intégralité de la ration stipulée avant le départ, ou, à défaut de convention, de la ration équivalente à celle que reçoivent les marins de la flotte (art. 76).

La peine est l'obligation de payer, à titre de dommages-intérêts, 50 centimes par jour, pendant la durée du retranchement, à chaque personne composant l'équipage. Le coupable *peut*, en outre, être puni de 50 à 500 fr. d'amende (*idem*).

Les cas de force majeure sont constatés par procès-verbaux signés du capitaine, maître ou patron et des principaux de l'équipage, et, alors même, il est dû à chaque homme une indemnité représentative du retranchement auquel il a été soumis (*idem*).

La question de la nourriture à bord des bâtiments du com-

---

1. Voir les crimes.

merce a été traitée par la circulaire du 20 novembre 1865 (*B. O.*, p. 305). Chaque fois que l'autorité maritime ou consulaire reçoit une plainte sérieuse et motivée relativement à cette nourriture, elle doit ouvrir une enquête, recueillir tous les renseignements ou témoignages capables de l'éclairer, et, si les faits lui paraissent pertinents, procéder à l'examen des vivres dénoncés, examen auquel le capitaine ou l'armateur ne peut plus s'opposer, puisque l'officier ou fonctionnaire agit alors comme magistrat instructeur (circ. du 2 mai 1884, *B. O.*, p. 840).

Si l'enquête est reconnue fondée, il convient d'en dresser un procès-verbal détaillé et de réunir immédiatement le tribunal chargé de connaître ce délit. Dans le cas où il n'est pas possible de réunir ce tribunal, on doit adresser le procès-verbal au ministre ou au port de destination du navire, afin que l'affaire soit jugée au prochain port de relâche ou au retour en France. Si l'expertise venait à révéler l'existence de vivres avariés et que le navire n'eût pas d'autres approvisionnements, suffisants pour la traversée qu'il va entreprendre, il faudrait évidemment forcer le capitaine à remplacer les objets impropres à la consommation et refuser de laisser partir le navire jusqu'à ce qu'il eût obéi. Ce cas n'est pas expressément prévu par les règlements, mais c'est un de ceux où la nécessité fait loi. Le ministre a déclaré qu'il approuverait sans hésitation et couvrirait, au besoin, de sa responsabilité l'autorité qui aurait pris une semblable décision (*idem*).

N° 16.

De la part de tout capitaine, maître ou patron, le fait de donner lieu, en faisant ou autorisant la contrebande, à une amende de moins de mille francs à la charge de l'armement (art. 77).

La peine est un emprisonnement de trois mois (*idem*).

Si la contrebande entraîne, soit la confiscation du navire ou de tout ou partie de la cargaison, soit une amende de plus de mille francs, la peine de la prison est de trois mois à un an, indépendamment de la suspension de commandement pendant deux ans au moins et trois ans au plus, sans préjudice de l'action civile réservée à l'armateur (*idem*).

Ce que nous avons dit, au délit spécial n° 10, relativement aux poursuites douanières auxquelles la contrebande peut donner lieu, ainsi qu'à l'abstention des commissaires de l'inscription maritime, est ici également applicable.

N° 17.

De la part de tout capitaine, maître ou patron, le fait de s'enivrer pendant qu'il est chargé de la conduite du navire (art. 78).

La peine est un emprisonnement de quinze jours à un an, auquel il *peut* être ajouté une interdiction de commandement pendant un intervalle de six mois à deux ans (*idem*).

En cas de récidive, l'interdiction de commander *peut* être définitive (*idem*).

La récidive dont il est ici question est uniquement une récidive *de fait* (circ. du 17 septembre 1863, *B. O.*, p. 289).

N° 18.

De la part de tout capitaine, maître ou patron, le fait de se permettre ou de tolérer à son bord des abus de pouvoir, ou d'exercer, hors le cas de nécessité absolue, des voies de fait envers son inférieur ou son passager (art. 79).

La peine est un emprisonnement de six jours à trois mois, auquel il *peut* être ajouté une interdiction de commander pendant six mois au moins et deux ans au plus (*idem*).

La peine *peut* être doublée, s'il s'agit d'un novice ou d'un mousse (*idem*).

Si les voies de fait ont entraîné une maladie ou une incapacité de travail de plus de trente jours, le coupable est puni conformément à l'article 309 (modifié) du Code pénal ordinaire, et par la juridiction de droit commun (art. 79 et arrêt de la Cour de cassation du 24 mai 1884, *B. O.*, 2e §, p. 338).

Nº 19.

De la part de tout capitaine, le fait d'abandonner, en présence d'un péril quelconque, son navire à la mer, hors le cas de force majeure dûment constatée par les officiers et principaux de l'équipage, ou, ayant pris leur avis, de négliger de sauver l'argent ou les marchandises précieuses avant d'abandonner le navire (art. 80)[1].

La peine est un emprisonnement d'un mois à un an (*idem*).

La même peine *peut* être prononcée contre le capitaine, maître ou patron qui, forcé d'abandonner son navire, ne reste pas à bord le dernier (*idem*).

Dans l'un et l'autre cas, l'interdiction de commandement *peut*, en outre, être prononcée pour un à cinq ans (*idem*).

---

1. Le projet de loi Barbey ajoute *les papiers de bord* et notamment *le journal de route* aux choses que le capitaine est tenu de sauver.

N° 20.

De la part de tout capitaine, maître ou patron, le fait de rompre son engagement et d'abandonner, hors le cas d'un danger quelconque, son navire, avant d'avoir été dûment remplacé (art. 81).

La peine est un emprisonnement de six mois à deux ans si le navire se trouvait en sûreté dans un port ; et d'un an au moins et de trois ans au plus s'il était en rade foraine (*idem*)[1].

Dans l'un et l'autre cas, le coupable *peut*, en outre, être privé de commander pendant un an au moins et trois ans au plus (*idem*).

N° 21.

De la part de tout capitaine ou maître, le fait de favoriser par son consentement l'usurpation de l'exercice du commandement à son bord, en ce qui touche la manœuvre et la direction nautique du navire, et de consentir ainsi à n'être que porteur d'expéditions (art. 82).

La peine est un emprisonnement de quinze jours à trois mois *et* l'interdiction de commandement pendant un an au moins et deux ans au plus (*idem*).

En cas de récidive, l'interdiction de commandement *peut* être définitive (*idem*).

Les armateurs complices de ce délit ne sont point passibles de la même peine (circ. 27 mars 1852, *B. O.*, p. 388), à moins

---

1. D'après le projet de loi Barbey, si le navire est en rade foraine, l'emprisonnement est d'un an au moins et de *deux ans* au plus.

qu'ils ne soient matelots (inscrits maritimes) embarqués à bord et qu'ils n'aient exercé indûment le commandement du navire (circ. du 30 avril 1852, *B. O.*, p. 534).

N° 22.

De la part de toute personne, le fait d'avoir pris indûment le commandement d'un navire (art. 82).

La peine est un emprisonnement de quinze jours à trois mois, auquel il *peut* être ajouté une amende de 100 à 500 fr. (*idem*).

Le commandement irrégulier d'une embarcation armée au bornage ou au cabotage n'est pas puni par les dispositions ci-dessus, mais par celles énoncées dans le décret-loi du 20 mars 1852 (*B. O.*, p. 328. Voir aussi notre *Code des contraventions à la police de la navigation*).

N° 23.

De la part de tout capitaine, maître ou patron, le fait de ne pas se conformer aux mesures prescrites par les articles 224 (livre timbré ou journal de bord), 225 (visite du navire[1]) et 227 (présence du capitaine à bord à l'entrée et à la sortie

---

1. La visite des navires qui arrivent avec leur rôle *périmé* n'est pas indispensable, si ces navires retournent directement à leur port d'armement, à moins qu'il n'y ait lieu de penser, par suite de déclarations de l'équipage, des chargeurs ou de tout autre intéressé dans l'opération, que ces navires ne sont pas en état d'entreprendre une nouvelle traversée avant d'avoir subi des réparations. Dans ce cas, les constatations nécessaires pour établir qu'ils sont en état de tenir la mer devront être exigées par l'autorité maritime préalablement au visa du rôle (circ. des 23 mars et 30 octobre 1863, *B. O.*, p. 142 et 473).

des ports) du Code de commerce (art. 83 et circ. du 7 février 1862, *B. O.*, p. 161).

La peine est une amende de 25 à 300 fr. (*idem* et circ. du 20 septembre 1854, *B. O.*, p. 434).

La même peine peut être appliquée au capitaine, maître ou patron, qui, hors le cas d'impossibilité absolue, vingt-quatre heures après son arrivée dans un port français, dans une colonie française ou dans un port étranger où réside un consul de France, ne dépose pas son rôle d'équipage, soit au bureau de la marine, soit à la chancellerie du consulat (*idem* et circ. du 23 janvier 1857, *B. O.*, p. 42).

La pénalité ci-dessus n'est pas applicable au patron pêcheur, qui n'est passible, dans ce cas, que des peines édictées dans le décret-loi du 19 mars 1852 (*B. O.*, p. 312. Voir aussi notre *Code des contraventions à la police des pêches maritimes*).

L'expression *vingt-quatre heures après son arrivée*, dont se sert le Code ne signifie pas que la remise des papiers de bord n'est obligatoire qu'après vingt-quatre heures seulement, et qu'un capitaine dont la relâche dure moins longtemps est dispensé de cette formalité. La loi entend par là que les papiers de bord doivent être déposés *dans les vingt-quatre heures qui suivent l'arrivée* (circ. du 18 février 1859, *B. O.*, p. 95).

Beaucoup de capitaines, prenant ainsi à la lettre les termes *dans un port* dont se sert le Code, se croient autorisés à ne pas déposer leur rôle d'équipage, quand ils relâchent, non dans le port, mais sur la rade. Cette prétention n'est admissible que dans le cas où un navire jette l'ancre pour quelques heures devant une ville, sans communiquer avec elle. Mais du moment que le capitaine descend à terre, l'obligation de se présenter à l'autorité maritime prend naissance immédiatement, en quelque endroit qu'il ait laissé son bâtiment (circ. du 28 juin 1861, *B. O.*, 2°§, p. 37).

Les capitaines des paquebots affectés à un service rapide et régulier sont dispensés de se présenter *en personne* dans les chancelleries des consulats, afin de faire leur rapport et de déposer leurs papiers de bord (circ. du 10 avril 1863, *B. O.*, p. 163).

N° 24.

De la part de tout capitaine, maître ou patron, le fait :

1° De s'abstenir, à moins de légitimes motifs d'empêchement, à son arrivée sur rade étrangère ou à son départ, de se rendre à bord du bâtiment français commandant la rade (art. 84 et circ. du 25 mars 1874, *B. O.*, p. 478);

2° De ne pas se conformer, sans empêchement légitime, aux règles établies pour la police de la rade, après qu'il lui en a été donné connaissance (*idem* et circ. du 22 mai 1876, *B. O.*, p. 818).

La peine est *une amende de 25 à 100 fr., à laquelle il peut être ajouté un emprisonnement de six jours à un mois* (*idem*).

Par *police de la rade*, le Code entend évidemment les rades françaises. L'autorité maritime française n'étant pas, en effet, chargée de la police des rades étrangères, on ne s'expliquerait pas qu'on eût confié à nos tribunaux le soin de punir ceux qui enfreignent des règlements émanant de nations étrangères (circ. du 22 octobre 1877, *B. O.*, p. 574).

N° 25.

De la part de tout capitaine, maître ou patron, le refus d'o-béir aux ordres relatifs à la police de la navigation émanant des autorités militaires de la marine, des commissaires de l'inscription maritime, des consuls, des syndics et autres agents maritimes ; ou le fait d'outrager ces officiers, fonction-naires et agents par paroles, gestes ou menaces, dans l'exer-cice de leurs fonctions, ou à l'occasion de cet exercice (art. 85 et circ. des 15 novembre 1861 et 25 mars 1874, *B. O.*, p. 501 et 478).

La peine est une amende de 50 à 300 fr., à laquelle *peut* être ajouté un emprisonnement de dix jours à six mois (*idem*) [1].

Il peut se présenter des cas où l'offense ne constitue pas un délit bien caractérisé, lorsqu'elle consiste uniquement dans un manque de respect évident, ou dans une inconvenance, une attitude grossière ou tout autre acte répréhensible, comme, par exemple, lorsqu'un capitaine se présente en état d'ivresse devant l'autorité dont il relève et cause quelque désordre par sa mauvaise tenue. Les actes de cette nature n'étant pas sus-ceptibles d'être frappés de peines disciplinaires ne peuvent être réprimés que de deux manières, soit par le recours aux tribunaux de droit commun, soit par l'exercice du pouvoir disciplinaire supérieur conféré au ministre (art. 87 et circ. du 22 septembre 1880, *B. O.*, p. 503).

Remarquons que le Code n'atteint ici que les capitaines, maîtres ou patrons. Aucune autre de ses dispositions ne vi-

---

1. Le projet de loi Barbey punit seulement de la prison et ne rend l'amende que facultative.

sant les outrages envers les autorités maritimes ou consulaires ou le refus d'obéir à leurs ordres relatifs à la police de la navigation, il s'ensuit qu'un pareil délit, s'il est commis par toute personne autre qu'un capitaine, ne peut être réprimé que par les juridictions de droit commun (*idem*)[1].

N° 26.

De la part de tout capitaine, maître ou patron, le fait de ne point se conformer aux prescriptions des chapitres I et II (relatifs au mode de procéder en matière de fautes de discipline et de délits) du titre II (relatif à la procédure) du Code (art. 48, voir le titre III).

La peine est une amende de 25 à 300 fr. (*idem* et circ. des 21 et 28 juillet 1854, *B. O.*, p. 153 et 190).

N° 27.

De la part de tout capitaine, maître, patron ou officier, le fait de refuser ou de négliger de remplir les formalités prescrites aux titres I (juridiction) et II (procédure) du Code (art. 86; voir le titre II ci-après).

La peine est une amende de 50 à 500 fr., à laquelle il *peut* être ajouté un emprisonnement de six jours à un an (*idem*).

---

1. Le projet de loi Barbey comble cette lacune du Code. Il punit de la même peine tout officier ou marin embarqué qui commet le délit d'outrages ou qui, suppléant le capitaine, refuse d'obéir aux ordres relatifs à la navigation.

N° 28.

Enfin, de la part des marins de l'équipage, le fait de refuser de prêter main-forte au capitaine pour assurer l'arrestation de tout prévenu (art. 98).

La peine est un mois à un an de prison, indépendamment d'une retenue de solde d'un à trois mois (*idem* et *B. O.* de 1861, 2e §, p. 199).

CHAPITRE III

CRIMES

Les crimes maritimes sont :

N° 1.

De la part de tout individu inscrit sur le rôle d'équipage, le fait d'échouer, de perdre ou de détruire volontairement et dans une intention criminelle, par quelque moyen que ce soit, autre que celui du feu ou d'une mine, le navire sur lequel il est embarqué (art. 89)[1].

La peine est dix à vingt ans de travaux forcés (*idem* et 56).

---

1. Le projet de loi Barbey complète comme suit l'énonciation de ce crime : « ou qui occasionne par un refus d'obéir aux ordres donnés, l'échouage, la perte ou la destruction du navire ».

Si le coupable est, à quelque titre que ce soit, chargé de la conduite du navire, il lui est appliqué le maximum de la peine (*idem*).

S'il y a eu homicide ou blessure par le fait de l'échouement, de la perte ou de la destruction du navire, le coupable est puni, dans le premier cas, de mort, et, dans le second cas, des travaux forcés à temps (*idem*).

N° 2.

De la part de tout capitaine, maître ou patron, le fait de détourner à son profit, dans une intention frauduleuse, le navire dont la conduite lui est confiée (art. 90).

La peine est vingt ans de travaux forcés, sans préjudice de l'action civile réservée à l'armateur (*idem* et 56).

N° 3.

De la part de tout capitaine, maître ou patron, le fait de faire fausse route, ou de jeter à la mer ou de détruire sans nécessité, volontairement et dans une intention criminelle, tout ou partie du chargement, des vivres ou des effets de bord (art. 91).

La peine est les travaux forcés à temps (*idem* et 56).

N° 4.

De la part de tout capitaine, maître ou patron, le fait de se rendre coupable, dans une intention frauduleuse, de l'un des faits énoncés à l'article 236 du Code de commerce; ou de vendre, hors le cas prévu par l'article 237 du même Code, le navire dont il a le commandement ou d'opérer des déchargements en contravention à l'article 248 dudit Code[1] (art. 92).

La peine est la réclusion (*idem* et 56).

Nº 5.

De la part des capitaines, officiers, subrécargues ou passagers, les vols commis à bord de tout navire (art. 93).

La peine est la réclusion (*idem* et 56).

La *même peine* est prononcée contre les *officiers-mariniers, marins, novices et mousses, quand la valeur de l'objet volé excède* 10 *francs, ou quand le vol a été commis avec effraction* (*idem*).

Nº 6.

De la part de toutes personnes embarquées, à quelque titre que ce soit, le fait d'altérer volontairement les vivres, bois-

---

1. Voici le texte des articles cités du Code de commerce :

Art. 236. — Le capitaine qui aura, sans nécessité, pris de l'argent sur le corps, avitaillement ou équipement du navire, engagé ou vendu des marchandises ou des victuailles, ou qui aura employé dans ses comptes des avaries et des dépenses supposées, sera responsable envers l'armement et personnellement tenu du remboursement de l'argent ou du paiement des objets, sans préjudice de la poursuite criminelle, s'il y a lieu.

Art. 237. — Hors le cas d'innavigabilité légalement constatée, le capitaine ne peut, à peine de nullité de la vente, vendre le navire sans un pouvoir spécial des propriétaires.

Art. 248. — Hors les cas de péril imminent, le capitaine ne peut décharger aucune marchandise avant d'avoir fait son rapport, à peine de poursuites extraordinaires contre lui.

sons ou autres objets de consommation, par le mélange de substances malfaisantes (art. 94).

La peine est la réclusion (art. 93, 94 et 56).

N° 7.

De la part de plus du tiers de l'équipage, tout acte de rébellion (art. 95).

La peine est la réclusion (*idem* et 56).

Si les rebelles étaient armés [1], la peine des travaux forcés à temps est prononcée (*idem*).

Les rebelles sont réputés armés s'il se trouve parmi eux un ou plusieurs hommes porteurs d'une arme ostensible. Les couteaux de poche sont réputés armes par le fait seul du port ostensible (*idem*).

N° 8.

Enfin, tout complot ou attentat contre la sûreté, la liberté ou l'autorité du capitaine, maître ou patron (art. 96).

La peine est la réclusion (*idem* et 56).

Tout officier impliqué dans le complot ou l'attentat est puni des travaux forcés à temps (*idem*).

On entend par complot, la résolution d'agir concertée et arrêtée entre deux personnes au moins embarquées à bord d'un navire (*idem*).

Le capitaine, maître ou patron, qui, d'une façon générale, a sur les gens de l'équipage et sur les passagers l'autorité que

---

1. Le projet de loi Barbey, ajoute aux mots : *si les rebelles étaient armés,* ceux : *quel que soit leur nombre.*

comporte la sûreté du navire, le soin des marchandises et le succès de l'expédition, est autorisé à employer la force pour mettre l'auteur d'un crime hors d'état de nuire ; de même que les marins de l'équipage sont tenus de lui prêter main-forte pour assurer toute arrestation du prévenu. Sa résistance et celle des personnes qui lui restent fidèles est, en cas de mutinerie ou de révolte, considérée comme un acte de légitime défense (art. 97, 98 et 99).

TITRE SECOND

JURIDICTION COMPÉTENTE

Les infractions à la police des équipages sont jugées par des autorités et tribunaux différents, suivant qu'il s'agit des fautes de discipline, des délits ou des crimes (art. 2).

Avant de passer en revue les diverses juridictions compétentes, nous devons faire remarquer que les dispositions du Code disciplinaire et pénal pour la marine marchande [1] s'appliquent à tous les navires et bateaux français [2] appartenant à des particuliers ou à des administrations publiques [3] (sauf les embarcations des douanes à manœuvres basses), qui se livrent à la navigation ou à la pêche dans les limites de l'inscription maritime ou qui ne sortent que momentanément de ces limites (art. 3).

Sont donc soumises aux règles d'ordre, de service, de dis-

---

1. Le Code disciplinaire et pénal pour la marine marchande abroge toutes les dispositions antérieures à sa date qui lui sont contraires. Les ministres de la marine et de la justice sont chargés de son exécution (art. 101 et 102).

2. Les navires de commerce étrangers, quand ils sont mouillés dans un port français, sont soumis à la compétence de la juridiction territoriale pour la répression des crimes et délits de droit commun qui se commettent à bord, alors surtout que les faits sont de nature à compromettre la tranquillité publique, que l'intervention de l'autorité locale est réclamée ou qu'ils sont d'une gravité telle qu'elle en commande la répression immédiate par l'autorité locale (circ. du 25 février 1859, *B. O.*, p. 199).

3. Voir les circ. des 26 septembre 1879 et 13 juillet 1886 (*B. O.*, p. 597 et 39).

cipline et de police établies sur les navires et bateaux marchands, et passibles des peines déterminées par le Code, pour les fautes de discipline, les délits et crimes y énoncés, toutes les personnes embarquées, employées ou reçues à bord de ces navires et bateaux, à quelque titre que ce soit, à partir du jour de leur inscription au rôle d'équipage ou de leur embarquement en cours de voyage, jusque et y compris le jour de leur débarquement *administratif* (*idem*).

Les complices, non embarqués, des actes de désertion commis par les personnes des bords sont également atteints par les articles du Code (art. 70).

Les troupes passagères sont à la fois soumises au régime disciplinaire du corps et au régime pénal du bord (*voir* Compendium, p. 275).

En cas de perte du navire par naufrage, chance de guerre ou toute autre cause, les personnes embarquées, employées ou reçues à bord continuent d'être placées sous le régime que le Code prescrit, jusqu'à ce qu'elles aient pu être remises à une autorité française. Toutefois, cette disposition n'est pas applicable aux passagers autres que les marins naufragés, déserteurs ou délaissés, qui, sur l'ordre d'une autorité française, ont été embarqués pour être rapatriés, à moins que ces passagers ne demandent à suivre la fortune de l'équipage (art. 4).

Il n'est pas nécessaire que l'embarquement soit *administratif* pour que les dispositions du Code soient applicables aux personnes embarquées. L'embarquement *de fait* suffit (arrêt de la Cour de cassation du 20 mai 1858, *B. O.*, p. 616). Au contraire, pour être dégagé de toutes obligations vis-à-vis du Code, il est indispensable que le débarquement soit administratif, c'est-à-dire inscrit au rôle d'équipage (arrêt de la Cour de cassation du 16 décembre 1858, *B. O.*, 2e §, p. 85, et circ· du 28 sept. 1882, *B. O.*, p. 575).

CHAPITRE PREMIER

JURIDICTION EN MATIÈRE DE FAUTES DE DISCIPLINE

Les fautes de discipline sont jugées sans appel, ni recours en révision ni cassation, par les autorités ci-après (art. 5 et circ. du 2 mai 1884, *B. O.*, p. 838) :

1° Les commissaires de l'inscription maritime[1].

2° Les commandants des bâtiments de l'État ;

3° Les consuls ou *vice-consuls* (décret du 22 février 1881, art. 1ᵉʳ, *B. O.*, p. 368) de France ;

4° Les capitaines de navires du commerce, commandant sur les rades étrangères (décret du 20 mai 1885, art. 23, § 3, *B. O.*) ;

5° Les capitaines de navires.

Ces autorités ne doivent user de l'action disciplinaire qu'avec la plus grande réserve. Les commandants des bâtiments de l'État, les consuls et les capitaines de navires du commerce commandant sur les rades étrangères, recueillent préalablement tous les renseignements propres à les éclairer sur les faits soumis à leur appréciation. Quant aux capitaines qui, sous leur responsabilité, appliquent en cours de voyage les peines disciplinaires, ils doivent être interrogés avec soin par l'autorité maritime ou consulaire du lieu d'arrivée, et

---

1. Titulaires ou intérimaires, pourvu qu'ils soient officiers (Voir la circ. du 15 janvier 1880, *B. O.*, p. 144).

punis conformément aux dispositions du Code, s'ils se rendent coupables d'un abus de pouvoir (circ. du 27 mars 1852, *B. O.*, p. 388).

Bien que le Code dise que les décisions prises en matière de discipline sont *sans appel*, le ministre de la marine a, cependant, le droit de les reviser et même de les annuler, lorsqu'elles sont illégales par excès de pouvoir, ou lorsqu'elles sont reconnues excessives en raison du nombre ou de la rigueur des peines prononcées (circ. du 24 mars 1882, *B. O.*, p. 405).

Le droit de connaître des fautes de discipline et de prononcer les peines qu'elles comportent s'exerce comme suit (art. 6) :

L'action disciplinaire appartient au commissaire de l'inscription maritime lorsque le navire se trouve dans un port ou sur une rade de France, ou dans un port d'une colonie française. Sur les rades d'une colonie française [1], elle appartient au commandant du bâtiment de l'État présent sur les lieux, ou, en l'absence de celui-ci, au commissaire de l'inscription maritime. Dans les ports et rades des pays étrangers, elle revient au commandant du bâtiment de l'État ou, à son défaut, au consul de France. En l'absence de bâtiment de l'État et à défaut de consul, elle incombe au plus âgé des capitaines de navire, les capitaines au long cours ayant toujours, à cet égard, la priorité sur les maîtres au cabotage (*idem*).

En mer et dans les lieux où il ne se trouve aucune des autorités mentionnées ci-dessus, le capitaine du navire prononce et fait appliquer les peines de discipline, mais à charge d'en

---

1. Les gouverneurs des colonies françaises déterminent, par un arrêté approuvé du ministre de la marine, les limites entre la rade et le port (art. 5).

rendre compte, dans le premier port où il aborde, soit au commissaire de l'inscription maritime, soit au commandant du bâtiment de l'État, soit au consul (*idem* et circ. du 21 septembre 1888, *B. O.,* p. 383).

Dans tous les cas, et en quelque lieu que se trouve le navire, le capitaine, maître ou patron, peut, sans en référer préalablement à l'une des autorités que nous avons indiquées, mais à charge par lui de lui en rendre compte, dans le plus bref délai possible, infliger directement les trois premières peines que nous avons mentionnées pour les hommes de l'équipage, dans le chapitre Ier du titre Ier, c'est-à-dire :

1° La consigne pendant huit jours ;

2° Le retranchement de boisson fermentée pour trois repas;

3° La vigie pour une heure ou la boucle pour un jour.

En cas de conflit sur la compétence, il est statué dans les ports et rades de France par le préfet maritime de l'arrondissement, et, dans les ports et rades d'une colonie française, par le gouverneur, qui renvoie l'affaire devant le fonctionnaire qui doit en connaître (art. 8).

La prescription pour les fautes de discipline est acquise par cinq ans (art. 100).

CHAPITRE II

JURIDICTION EN MATIÈRE DE DÉLITS

Les délits maritimes sont jugés, sans recours en révision ni en cassation, par des tribunaux dits : *maritimes commerciaux* (art. 2, 9 et 45).

Les délits *non maritimes*, c'est-à-dire communs, sont jugés par le tribunal correctionnel de l'arrondissement où se trouve le navire, ou du premier port français où il aborde (art. 2, 11 et arrêt de la Cour de cassation du 24 mai 1884, *B. O.*, 2e §, p. 338).

Le ministre de la marine a une sorte de juridiction sur les capitaines, maîtres ou patrons, en ce qui concerne leurs fautes qui, ainsi que nous l'avons déjà fait remarquer, ont toujours le caractère de délits. Il a le pouvoir de les blâmer et de leur retirer leur brevet. Indépendamment des cas de suspension ou de retrait de la faculté de commander prévus par le Code, il peut, par continuation, leur infliger cette même peine, lorsqu'il le juge nécessaire, après une enquête contradictoire dans laquelle ils sont entendus (art. 87 et circ. des 18 mai et 13 juillet 1860, *B. O.*, p. 395 et 23 ; 6 septembre 1865, Compendium, p. 245 ; 22 septembre 1880 et 2 mai 1884, *B. O.*, p. 503 et 838).

Le Code dit que les jugements des tribunaux maritimes commerciaux ne sont sujets à aucun recours en révision, ni en cassation. Toutefois, le ministre de la marine peut transmettre au ministre de la justice, pour être déférés à la Cour de cassation, ceux de ces jugements qui sont susceptibles d'être annulés pour violation de la loi.

Le ministre de la justice a le même droit, tant dans l'intérêt de la loi que dans celui du condamné (art. 45 et arrêts de la Cour de cassation des 10 janvier 1857 et 6 juillet 1877, *B. O.*, p. 170 et 99).

Le tribunal maritime commercial compétent est celui qui est présidé par le commissaire de l'inscription maritime du lieu, lorsque le navire se trouve dans un port ou sur une rade de France, ou dans un port d'une colonie française (art. 10 ; circ. du 21 octobre 1853, *B. O.*, p. 753, et arrêt de la Cour de cassation du 1er décembre 1864, *B. O.*, p. 47 de 1865). Toutefois, les déserteurs peuvent être jugés au chef-lieu de leur quartier ou du quartier dans lequel ils sont arrêtés (circ. du 8 octobre 1853, *B. O.*, p. 731).

Sur les rades des colonies françaises, le tribunal maritime commercial est celui que préside le commandant du bâtiment de guerre présent sur les lieux, et, en son absence, celui qui est présidé par le commissaire de l'inscription maritime (art. 10).

Dans les ports et sur les rades des pays étrangers, le tribunal compétent est encore celui présidé par le commandant du bâtiment de l'État présent sur les lieux, et, en son absence, celui que préside le consul ou le vice-consul (*idem* et décret du 22 février 1881, *B. O.*, p. 368).

En cas de conflit sur la compétence, il est statué comme en matière de discipline (art. 10 et 8).

En matière de délits maritimes, l'action publique et l'action civile se prescrivent après cinq années révolues, à compter du jour où le délit a été commis (art. 100)[1].

Les tribunaux maritimes commerciaux se composent de cinq membres qui diffèrent suivant le lieu où ils doivent se réunir (art. 12 à 15).

---

1. Contrairement à la circulaire du 14 février 1854, *B. O.*, p. 201, le projet de loi Barbey spécifie que dans les cas de désertion sans retour à bord prévus par les articles 65, 66 et 67, § 2, du Code, la prescription est acquise contre l'une et l'autre action, mais après dix années révolues à compter du jour de l'absence.

Le même projet de loi ajoute que le déserteur reste soumis pendant toute la durée de son absence et ensuite, indépendamment de sa soumission ou de sa condamnation par un tribunal maritime commercial, aux poursuites encourues en vertu du Code de justice militaire pour l'armée de mer pour infraction aux ordres d'appel ou de mobilisation, ou, s'il renonce aux professions maritimes, pour infractions aux lois du recrutement.

Dans un port de France ou d'une colonie française, le tribunal comprend le commissaire de l'inscription maritime[1], président, et quatre juges, qui sont (art. 14) :

Un juge du tribunal de commerce, désigné par le président de ce tribunal, et, dans les ports où il n'existe pas de tribunal de commerce, le juge de paix.[2] ;

Le capitaine, le lieutenant ou le maître du port.

Le plus âgé des capitaines au long cours *valides, présents sur les lieux*[3] ;

Le plus âgé des maîtres d'équipage des navires du commerce, ou, à défaut, le plus âgé des *marins valides, présents sur les lieux*, et ayant rempli ces fonctions[4].

Dans les colonies où le capitaine de port est supérieur en grade au commissaire de l'inscription maritime, ou plus ancien que lui dans le même grade, ce capitaine est remplacé par l'agent qui le suit immédiatement dans l'ordre du service (art. 14 ; circ du 27 avril 1859, *B. O.*, p. 139 de 1862 [5]).

---

1. Titulaire ou intérimaire, pourvu qu'il soit officier.

2. Le projet de loi Barbey remplace ce juge, en France, par un armateur patenté, nommé pour un an avec un suppléant, et désigné par le tribunal de commerce duquel la place relève ; et aux colonies, par un armateur ou agent commercial maritime, désigné par le tribunal de commerce, ou, à défaut, par le tribunal civil.

3. Le projet de loi Barbey dit : Le capitaine au long cours embarqué comme capitaine ou officier le plus âgé de ceux présents sur les lieux ; et, à défaut, le capitaine au long cours inactif, le plus âgé au-dessous de soixante ans, inscrit dans le quartier, et ayant été embarqué comme capitaine ou officier pendant trois ans au moins.

4. Le projet de loi Barbey dit : Le plus âgé des maîtres d'équipages ou, à défaut, le plus âgé parmi les marins du quartier de moins de cinquante ans, ayant rempli ces fonctions ; ou, dans les mêmes conditions d'âge, un mécanicien chargé ou, à défaut, ayant été chargé, en chef ou en second, de la conduite d'une machine, si le prévenu est mécanicien ou chauffeur.

5. D'après le projet de loi Barbey, aux colonies le capitaine de port ne fait partie du tribunal que s'il n'est pas officier.

Le capitaine au long cours et le maître d'équipage sont désignés par le commissaire de l'inscription maritime[1]. On comprend par capitaines ou marins *valides,* les inscrits qui ne sont pas cinquantenaires ou hors de service (circ. du 27 mars 1852, *B. O.,* p. 388). Quant aux mots *présents sur les lieux,* ils signifient : *qui se trouvent dans la circonscription du quartier* (circ. du 30 avril et 16 novembre 1852, *B. O.,* p. 534 et 424).

Le tribunal ne se réunit qu'avec l'autorisation du *chef du service maritime* présent sur les lieux (art. 14), c'est-à-dire du chef du service de la marine, dans les chefs-lieux de sous-arrondissements, qui sont en même temps sièges de quartier du commissaire de l'inscription maritime, dans les quartiers, et du gouverneur, dans les colonies françaises (circ. du 27 mars 1852, *B. O.,* p. 388).

Sur un bâtiment de l'État, le tribunal maritime commercial comprend le commandant du bâtiment de l'État, président, et, comme juges : l'officier de vaisseau le plus élevé en grade après le second, ou, à défaut, le second lui-même ; le plus âgé des capitaines des navires du commerce présents sur les lieux ; le plus âgé des officiers des mêmes navires, et le plus âgé des maîtres d'équipage. Il ne se réunit qu'avec l'autorisation du commandant de la rade (art. 12).

S'il n'y a pas sur les lieux d'autre navire du commerce que celui à bord duquel se trouve l'inculpé, le tribunal est composé du commandant du bâtiment de l'État, président, et des juges suivants : les deux plus anciens officiers de vaisseau après le commandant ; le plus ancien second maître ; et un

---

1. D'après le projet de loi Barbey, le capitaine et le maître d'équipage, matelot ou mécanicien, sont désignés par le commissaire de l'inscription maritime au vu des rôles d'équipage des navires présents dans le port ou d'après les matricules.

officier ou un matelot du navire où le délit a été commis (art. 13).

Dans un port étranger et en l'absence d'un bâtiment de guerre français, le tribunal est présidé par le consul ou vice-consul et comprend comme juges ; le plus âgé des capitaines au long cours présents sur les lieux ; le plus âgé des officiers des navires du commerce présents sur les lieux ; un négociant français désigné par le consul ; et le plus âgé des maîtres d'équipages des navires du commerce présents sur les lieux (art. 15 et décret déjà cité du 22 février 1881).

Le président des tribunaux maritimes commerciaux doit être âgé de vingt-cinq ans, et les autres membres de vingt-un ans au moins (art. 19).

Le président désigne le juge qui doit remplir les fonctions de rapporteur (art. 16). Ce rapporteur peut être nommé avant les autres juges (circ. du 1er octobre 1888, *B. O.*, p. 406).

Les fonctions de greffier sont remplies : dans un port de France ou d'une colonie française, par le commis, ou, à défaut, par l'écrivain de marine le plus ancien (art. 17) du quartier ou du quartier voisin (circ. du 30 juillet 1883, *B. O.*, p. 144)[1] ; sur un bâtiment de l'État, par l'officier d'adminis-tration (art. 17), et, à défaut, par un officier ou un sous-offi-cier du bord désigné par le commandant (décret du 19 dé-cembre 1866, *B. O.*, p. 667)[2] ; dans un port étranger, par le chancelier, ou, à défaut, par un employé du consulat (art. 17).

Le capitaine qui a porté la plainte et toute autre personne embarquée sur le navire, si elle est offensée, lésée ou partie plaignante, ne peuvent faire partie du tribunal, non plus que

---

1. Le projet de loi Barbey dit : par le commis ou, à défaut, par l'é-crivain *du bureau de l'inscription maritime* le plus ancien.

2. Le projet de loi Barbey dit : à défaut d'officier d'administration, *par toute autre personne* désignée par le commandant.

les parents ou alliés jusqu'aux degrés d'oncle et de neveu inclusivement. La parenté, aux mêmes degrés, de l'un des juges avec le prévenu ou l'un des prévenus, est aussi une cause de récusation (art 18, 20, 21 et circ. des 30 avril 1852 et 30 novembre 1855, *B. O.*, p. 534 et 873)[1].

CHAPITRE III

JURIDICTION EN MATIÈRE DE CRIMES

Les crimes maritimes sont jugés par les tribunaux ordinaires et conformément au droit commun (art. 22, 2, 56 et arrêt de la Cour de cassation du 10 janvier 1857, *B. O.*, p. 169).

Pour les crimes, la prescription reste soumise aux règles du droit commun (art. 100).

---

1. Le projet de loi Barbey précise comme suit la récusation de juges autorisée à raison de la parenté : « qui peut être exercée soit par le président, soit par les prévenus. »

TITRE TROISIÈME

PROCÉDURE

La procédure varie suivant qu'il s'agit des fautes de discipline, des délits ou des crimes.

CHAPITRE PREMIER

PROCÉDURE EN MATIÈRE DE FAUTES DE DISCIPLINE

La procédure en matière de fautes de discipline se borne tout entière à la tenue, par le capitaine, d'un livre de punitions, coté et parafé par le commissaire de l'inscription maritime du port d'armement du navire, et remis au commissaire de l'inscription maritime du port où a lieu le désarmement administratif (art. 23).

Le capitaine (ou l'officier de quart) mentionne toute faute de discipline sur le livre de punitions [1], et l'autorité qui doit statuer, inscrit sa décision en marge (*idem* et circ. des 7 avril 1862, 4 août 1863, 2 mai 1884 et 21 septembre 1888, *B. O.*, p. 353, 148, 836 et 383).

---

1. Ces livres de punitions, dont il n'existe pas de modèles réglementaires, se trouvent dans la plupart des librairies des ports de commerce.

Le livre de punitions doit toujours indiquer que le prévenu a été entendu dans sa défense ; il doit mentionner également que le marin condamné à la prison, à la boucle ou au cachot, a été remplacé à bord, quand ce fait s'est produit (circ du 7 avril 1862, *B. O.*, p. 353).

Le capitaine annote sur le livre de punitions toutes les fautes de discipline qui se produisent pendant le voyage, et aussitôt qu'il arrive dans une relâche, le présente au visa du commissaire de l'inscription maritime ou du consul, suivant le cas (art. 23).

Les obligations du capitaine en ce qui concerne la tenue du livre de punitions et sa présentation au visa de l'autorité maritime ou consulaire, sont sanctionnées par la peine de l'amende et même de la prison (voir les délits spéciaux n°s 26 et 27 et la circ. du 25 mars 1874, *B. O.*, p. 478).

CHAPITRE II

PROCÉDURE EN MATIÈRE DE DÉLITS

Aussitôt qu'un délit a été commis à bord, le rapport[1] en est fait au capitaine par le second ou l'officier de quart (art. 24). Si le délit a été commis *hors du bord*, le second en fait le rapport au capitaine (*idem* et circ. 15 février 1859, *B. O.*, p. 85). S'il a été commis en présence du capitaine et en l'absence du second et de l'officier de quart, ou s'il par-

---

1. Emploi du modèle A.

vient à la connaissance du capitaine, sans qu'il lui ait été signalé par un rapport de l'un de ces deux officiers, il le constate lui-même (*idem* et circ. du 21 juillet 1854, *B. O.*, p. 153).

Le capitaine, assisté, s'il y a lieu, de l'officier qui a fait le rapport et qui remplit les fonctions de greffier, procède ensuite à une instruction sommaire, reçoit la déposition des témoins à charge et à décharge, et dresse du tout un procès-verbal [1] qu'il signe avec les témoins et dont il est fait mention sur le livre de punitions, en même temps que des circonstances du délit (art. 24, 25 et même circulaire).

Si les faits se sont passés dans un port ou sur une rade de France, ou dans un port d'une colonie française, le capitaine adresse sa plainte et les pièces du procès au commissaire de l'inscription maritime, dans les trois jours qui suivent celui où le délit a été constaté ; s'ils se sont passés sur la rade d'une colonie française, il l'adresse dans le même délai au commandant du bâtiment de l'État présent sur les lieux, ou, en l'absence de celui-ci, au commissaire de l'inscription maritime ; s'ils se sont passés à l'étranger, il l'adresse au commandant du bâtiment de l'État présent sur les lieux, ou, à défaut, au consul de France (art. 26).

Si le délit a été commis, soit en mer, soit dans une localité étrangère, où il n'y ait ni bâtiment de l'État, ni consul de France, le capitaine remet sa plainte, dans le premier port où il aborde, soit au commissaire de l'inscription maritime, soit au commandant du bâtiment de l'État, soit au consul, suivant qu'il y a lieu, en se conformant aux dispositions ci-dessus (*idem* et circ. du 28 juillet 1854, *B. O.*, p. 190).

Lorsque les faits rentrent dans la catégorie des délits com-

---

1. Emploi du modèle B.

muns prévus ou non prévus par le Code, et sont, en conséquence, réservés aux tribunaux ordinaires, le commissaire
de l'inscription maritime ou le commandant du bâtiment de
l'État qui a reçu la plainte, la transmet au procureur de la
République du lieu (*idem*).

Quand le capitaine du navire est lui-même prévenu d'un
délit, les poursuites ont lieu, soit sur la plainte des officiers
et marins de l'équipage ou des passagers, soit d'office
(art. 27).

L'autorité maritime ou consulaire saisie de la plainte,
nomme[1] le tribunal qui doit en connaître, désigne[2] le rapporteur qu'elle charge de faire immédiatement l'information
nécessaire[3] et convoque[4] ledit tribunal dès que l'affaire est
suffisamment instruite (art. 28). Le rapporteur peut être
nommé avant les autres juges (circ. du 1er octobre 1888,
B. O., p. 406).

Les commissaires de l'inscription maritime ont le droit de
détention préventive[5]. Toutefois, afin de ne point s'écarter
du principe d'une juridiction prompte et sommaire qui a présidé à la rédaction du Code disciplinaire et pénal pour la
marine marchande, il y a lieu de restreindre la détention
préventive à 8 jours, dans les circonstances où il est jugé indispensable de recourir à cette mesure, et de prendre les
ordres de l'autorité supérieure, lorsqu'elle doit se prolonger
au delà de cette durée (circ. du 12 avril 1853, *B. O.*, p. 302).

Nous avons dit que l'autorité saisie de la plainte doit exer-

----

1. Emploi des modèles G, H et J.
2. Emploi du modèle I.
3. Emploi des modèles C, F, L, M et K.
4. Emploi des modèles O et N.
5. Emploi des modèles D et E.

cer immédiatement les poursuites s'il y a lieu. Mais elle ne le peut pas toujours, soit parce qu'elle ne se trouve pas en mesure de former le tribunal, soit parce que le délinquant lui-même fait défaut, comme il arrive souvent pour les déserteurs. Dans ce cas, il y a lieu de dresser copie de la plainte du capitaine et de l'instruction sommaire qui doit l'accompagner. En France, les commissaires de l'inscription maritime envoient ces copies aux quartiers des prévenus ; hors de France, les commissaires, commandants et consuls les adressent, par le premier courrier, au ministre de la marine, qui les transmet de même aux quartiers intéressés. Plus tard, si les poursuites ont lieu en France, les extraits de matricule des prévenus étant réclamés à leurs quartiers, en exécution de la circulaire du 3 octobre 1863 (*B. O.*, p. 298), les pièces dont il s'agit sont envoyées en même temps à l'autorité chargée de poursuivre (circ. 22 avril 1864; *B. O.*, p. 306).

Le tribunal maritime commercial s'assemble à terre, soit au bureau de l'inscription maritime, soit à celui de la chancellerie, suivant qu'il y a lieu. A bord, il se réunit dans le local affecté aux séances du conseil de guerre. Les séances sont publiques. Leur police appartient au président (art. 29).

A l'ouverture de la séance, le président fait déposer sur le bureau un exemplaire du Code. Il dit ensuite, à haute voix, aux membres du tribunal, qui sont comme lui debout et découverts : « Nous jurons devant Dieu de remplir nos fonctions au tribunal maritime commercial avec impartialité. » Chaque membre répond : « Je le jure. »

Mention de cette formalité est faite dans le jugement (art. 30).

Le président fait donner lecture par le rapporteur de la plainte et des différentes pièces de la procédure, tant à charge qu'à décharge. L'accusé est ensuite introduit. Il comparaît devant le tribunal libre et assisté, s'il le désire, d'un défenseur de son choix (art. 31).

Les tribunaux maritimes commerciaux ne peuvent juger par défaut (circ. 29 novembre 1853, *B. O.*, p. 853).

Après constatation de son identité, le président fait connaître à l'accusé le délit pour lequel il est traduit devant le tribunal, et l'avertit, ainsi que son défenseur, qu'il lui est permis de dire tout ce qu'il juge utile à sa défense, sans s'écarter des bornes de la décence et de la modération, ou du respect dû au principe de l'autorité (art. 32).

Le président, qui est investi d'un pouvoir discrétionnaire pour la direction des débats et la découverte de la vérité, interroge l'accusé et reçoit les dépositions des témoins. L'accusé peut faire appeler toutes les personnes qu'il désire faire entendre. Toutefois, le retard d'un témoin ne peut arrêter les débats. Les dépositions des ascendants et descendants, des frères ou sœurs, ou des alliés au même degré, du conjoint de l'accusé ou de l'un des accusés du même fait, ne peuvent être reçues (art. 33, 34 et circ. 16 novembre 1852, *B. O.*, p. 424).

Chacun des membres du tribunal est autorisé à poser des questions à l'accusé comme aux témoins, après en avoir fait la demande au président (art. 34).

L'accusé présente sa défense, soit par lui-même, soit par l'organe de son défenseur. Après lui avoir demandé s'il n'a rien à ajouter dans l'intérêt de cette défense, le président prononce la clôture des débats (*idem* et décret du 2 octobre 1881, *B. O.*, p. 788).

Après la clôture des débats, le président fait retirer l'accusé ainsi que l'auditoire pour délibérer. Les membres du tribunal opinent dans l'ordre inverse des classifications que nous avons mentionnées au chapitre ii du titre IIe (juridic tion). Le président émet son opinion le dernier (art. 35 et circ. des 11 mai 1874 et 10 novembre 1876, *B. O.*, p. 624 et 616).

Toutes les questions de culpabilité posées par le président sont résolues à la majorité des voix. Si l'accusé est déclaré coupable, le tribunal délibère sur l'application de la peine (art. 36).

Le tribunal, si le fait paraît rentrer dans la catégorie des fautes de discipline, peut prononcer seulement une des peines prévues pour ces fautes par le Code (art. 37). S'il reconnaît que le fait est de la compétence des tribunaux ordinaires, il déclare et motive son incompétence. Cette déclaration est jointe au dossier de l'affaire (art. 38).

Le bénéfice des circonstances atténuantes doit être refusé aux auteurs des délits maritimes prévus par le Code (circ. du 20 janvier 1854, *B. O.*, p. 44) [1].

Le jugement [2] est rédigé en trois expéditions [3], dont une servant de minute, par le greffier, et signé par le président et par les membres du tribunal; il mentionne l'observation des dispositions prescrites par les articles 12 à 21, 30 à 32 et 36 du Code (voir la série complète des modèles adoptés par la marine, circ. du 5 février 1855, *B. O. R.*, p. 606) et condamne au remboursement des frais (circ. du 15 janvier 1864, *B. O.*, p. 26) ; il indique, s'il y a lieu, les quartiers et numé-

---

1. Le projet de loi Barbey étend le bénéfice des circonstances atténuantes (art. 463 du Code pénal ordinaire) aux peines édictées par le Code et autorise, dans ce cas, le tribunal à réduire la peine jusqu'à la moitié du minimum fixé par le Code.

2. Les tribunaux maritimes commerciaux ne peuvent statuer par un seul et même jugement que sur des délits connexes (circ. du 21 octobre 1853, *B. O.*, p. 756).

3. Emploi du modèle P.

ros d'inscription de l'accusé (art. 39 et circ. du 5 août 1854, *B. O.*, p. 227).

Les jugements des tribunaux maritimes commerciaux doivent, comme toutes les décisions judiciaires, être motivés en fait et en droit ; en fait, par l'exposé succinct, sous la forme de considérants, des circonstances que l'instruction et les débats ont constatées ; en droit, par la reproduction littérale des dispositions pénales appliquées (art. 195 et 369 du Code d'instruction criminelle et circ. des 10 mai 1853, 3 octobre 1863, 4 août 1868 et 21 septembre 1888, *B. O.*, p. 356, 298, 85 et 383).

Le président écrit au bas du jugement : « Soit exécuté selon la forme et teneur », et il prend les mesures nécessaires pour en assurer l'exécution (art. 40).

La gendarmerie maritime et la gendarmerie départementale sont tenues, sur la réquisition de l'autorité maritime, de conduire les prévenus ou condamnés à destination (circ. du 12 novembre 1852, *B. O.*, p. 418 ; décret du 15 juillet 1858, *B. O.*, p. 681 ; circ. du 24 décembre 1884, *B. O.*, p. 1156).

Lorsque le jugement est rendu en France et emporte la peine d'emprisonnement, le coupable est remis sans délai, par le président, avec une expédition dudit jugement, à la disposition du procureur de la République du lieu[1], qui fait exécuter la sentence (art. 41 et circ. du 14 février 1854, *B. O.*, p. 201).

Lorsque la peine d'emprisonnement est prononcée hors de France et que sa durée excède trois mois, elle est toujours subie dans la métropole, sauf pour les marins créoles. Dans ce cas, le coupable est renvoyé le plus promptement possible, avec une expédition du jugement et remis, à son arri-

---

1. Emploi du modèle R.

vée dans un port français, au procureur de la République du lieu, par l'autorité maritime locale (*idem* et circ. des 21 octobre 1853, 18 mars 1859, 8 avril 1861, 9 mai 1862, 18 novembre 1864 et 6 novembre 1880, *B. O.*, p. 755, 191, 252, 459, 323 et 663).

Lorsque la peine d'emprisonnement prononcée hors de France n'excède pas trois mois, le coupable peut la subir, soit en France, soit dans la colonie française, soit dans le pays étranger où le jugement a été rendu (art. 41).

Les peines prononcées hors de France contre les capitaines de navires ne sont subies par eux qu'à leur retour dans la métropole. Les jugements portant ces pénalités sont inscrits, à cet effet, sur le livre de punitions, par le président du tribunal maritime commercial qui a rendu la sentence. Il en est fait, en outre, mention sur le rôle d'équipage du navire (art. 42 et circ. du 6 septembre 1865, p. 245 du Compendium).

L'autorité maritime doit examiner avec soin la situation des condamnés ramenés en France. Elle doit constater l'époque de leur condamnation, la durée et les conditions de leur rapatriement. Elle doit se faire rendre compte, par le capitaine du bâtiment transporteur, de leur conduite et des services qu'ils ont pu rendre pendant leur séjour à bord. Si ces circonstances leur sont déjà favorables, elle demande à leur quartier d'inscription, au cas où ils seraient inscrits, des renseignements sur leurs antécédents et sur leur position de famille. Enfin, quand elle le juge convenable, elle prend l'initiative d'une proposition de grâce en leur faveur. Toutefois, cet examen ne saurait être un motif de différer la remise du condamné au procureur de la République (circ. du 24 juillet 1863, *B. O.*, p. 67).

Les condamnés transportés doivent être considérés comme des passagers à la ration et ne jamais être mis aux fers à bord, à moins qu'il ne s'agisse d'hommes dangereux ou en prévention de crime, et, dans ce cas, les dispositions à prendre à leur égard doivent se borner à une surveillance suffisante pour prévenir leur évasion (circ. du 14 juillet 1853, *B. O.*, p. 471). Au point de vue du rapatriement, ils doivent être embarqués sur les navires du commerce comme passagers gagnant leur passage, chaque fois que la chose est possible. Dans le cas contraire, il y a lieu de débattre le prix du passage de gré à gré avec les capitaines (circ. du 7 novembre 1856, *B. O.*, p. 990).

Le greffier du tribunal maritime commercial mentionne au bas du jugement si la sentence a ou non reçu son exécution. Le capitaine fait transcrire ledit jugement sur le livre de punitions, auquel il reste annexé pour être remis au commissaire de l'inscription maritime du port d'armement. La transcription ainsi faite est certifiée par le greffier (art. 47).

Une expédition des jugements rendus par les tribunaux maritimes commerciaux est adressée au ministre de la marine, par la voie hiérarchique, avec un extrait de matricule du condamné et un bulletin [1] destiné aux casiers judiciaires (art. 44 et circ. des 28 juillet 1853, 3 octobre 1863, 14 août 1865, 16 décembre 1867 et 4 août 1868, *B. O.*, p. 447, 298, 59, 552 et 84). Un extrait du jugement [2] doit aussi être envoyé au quartier des condamnés par le président du tribunal (circ. du 4 mars 1853, *B. O.*, p. 182).

Une copie des pièces de procédure doit être transmise également au ministre à l'appui des jugemens rendus dans les colonies, dans les consulats et à bord des bâtiments de l'État (circ. du 21 octobre 1853, *B. O.*, p. 755).

----

1. Emploi des modèles S et T.
2. Emploi du modèle Q.

La procédure devant les tribunaux maritimes commerciaux ne donne lieu à la perception d'aucun frais, ni d'aucune taxe quelconque (art. 46) [1]. Toutefois, dans les cas très rares où des personnes sont citées devant eux comme témoins, il y a lieu, lorsqu'elles appartiennent aux différents corps de la marine, de leur allouer les frais de route et de séjour réglementaires (voir les décrets des 12 janvier et 3 mai 1888 et la circulaire du 27 février 1885, *B. O.*, p. 366), et de les traiter, dans le cas contraire, conformément aux dispositions des décrets des 18 juin 1811 et 7 avril 1813 (*B. des L.*, p. 581 et 609).

Pour ces derniers frais, les receveurs de l'enregistrement en font l'avance à la marine, ainsi que de tous les frais de justice dont une partie est imputée au budget de la marine, en cas d'acquittement, et l'autre laissée à la charge du condamné (circ. du 27 juillet et 27 août 1852, *B. O.*, p. 215 et 218 ; 15 janvier 1864, *B. O.*, p. 26 ; instruction du 20 septembre 1875, *B. O.* de 1876, p. 409). L'administration de la marine rembourse lesdits frais aux receveurs de l'enregistrement tous les mois, et sans attendre la constatation d'insolvabilité des débiteurs (circ. du 5 juillet 1877. *B. O.*, p. 3).

Le paiement des amendes prononcées est poursuivi, dans les formes ordinaires, par les percepteurs des contributions directes du lieu où désarme le navire à bord duquel le coupable est embarqué ou du lieu d'inscription du délinquant. Cette poursuite est faite à la requête de l'autorité maritime locale (art. 43 ; circ. des 27 juillet et 27 août 1852, *B. O.*, p. 220 et 221 ; loi du 29 décembre 1873, art. 25 ; instruc-

----

[1] D'après le projet de loi Barbey, les dépenses inévitables, comme celles des vacations de témoins, sont, en cas de condamnation, à la charge du condamné.

tion déjà citée du 20 septembre 1875, *B. O.* de 1876, p. 409; circ. des 11 mars 1880 et 30 décembre 1881, *B. O.*, p. 580 et 1201).

Si le coupable est débarqué en cours de voyage, le paiement des amendes est poursuivi par le percepteur du lieu où le débarquement s'opère. Si le débarquement s'effectue à l'étranger, le consul est chargé de ce soin. Les poursuites peuvent aussi avoir lieu, dans tous les cas, par voie administrative, à la diligence des commissaires de l'inscription maritime ou des consuls (*idem*).

En terminant, faisons remarquer que les tribunaux maritimes commerciaux sont incompétents pour statuer sur l'action civile (circ. du 1er février 1859, *B. O.*, p. 60).

CHAPITRE III

PROCÉDURE EN MATIÈRE DE CRIMES

Aussitôt qu'un crime a été commis à bord d'un navire, le capitaine, maître ou patron, se conforme, pour constater les faits et pour procéder à l'instruction, aux dispositions du Code que nous avons indiquées en tête du chapitre précédent. Il saisit, en outre, les pièces de conviction et fait arrêter le prévenu (art. 49 et 98).

Immédiatement après l'arrivée dans un port ou sur une rade de France ou d'une colonie française, le prévenu est remis, ainsi que les pièces du procès, au commissaire de l'inscription maritime du lieu, qui complète au besoin l'instruction, transmet les pièces dans les vingt-quatre heures au procureur de la République de l'arrondissement, et pourvoit au transport du prévenu devant l'autorité judiciaire (art. 50).

Si le navire aborde dans un port étranger, le capitaine, maître ou patron, remplit les mêmes dispositions envers le consul français, lequel complète, au besoin, l'instruction dans le plus bref délai possible, et, s'il le juge nécessaire, fait débarquer le prévenu pour l'envoyer au port d'armement avec les pièces du procès. A défaut du consul, le capitaine, maître ou patron, agit de la même manière à l'égard du commandant du bâtiment de l'État présent sur les lieux. Celui-ci procède comme l'eût fait le consul (art. 51 et circ. du 6 septembre 1865, p. 245 du Compendium).

Le bénéfice des circonstances atténuantes peut être accordé aux individus déclarés coupables de crimes maritimes (circ. du 20 janvier 1854, *B. O.*, p. 44).

Enfin, la faculté de pourvoi est ouverte pour eux devant la cour de cassation.

MODÈLES

Modèle A

MARINE FRANÇAISE

NAVIRE L

DU PORT D

Cejourd'hui, le   du mois d
de l'an   nous (1)
ayant eu connaissance que le nommé (2)
                    inscrit à
remplissant à bord les fonctions de
s'est rendu coupable de (3)

(1) Officier *ou* Second, Officier de quart *ou* Capitaine.
(2) Nom et prénoms.

(3) Donner les détails du délit en se conformant à l'article 60 du décret-loi du 24 mars 1852, et des circonstances dans lesquelles il a eu lieu.

Nous avons constaté ce délit, conformément à l'article 24 du décret-loi du 24 mars 1852, et nous avons dressé le présent pour servir aux poursuites que de droit.

Bord, le

Le (1)

Modèle B

MARINE FRANÇAISE

A   le   18 .

Monsieur le (1)

(1) Commissaire, Commandant *ou* Consul.

J'ai l'honneur de vous adresser, avec le rapport prévu à l'article 24 du décret-loi du 24 mars 1852, le procès-verbal de l'information sommaire à laquelle je me suis livré à l'égard du délit de
dont s'est rendu coupable, à bord de mon bâtiment, le nommé (2)

(2) Nom et prénoms.

inscrit à   fo   no   .

Veuillez, je vous prie, Monsieur le (1)
                        faire poursuivre le
susdit (2)   pour qu'application lui soit faite des peines qu'il a encourues.

Je suis avec respect, Monsieur le (1)
            votre très humble et très obéissant serviteur.

Le (3)

(3) Capitaine, Maître *ou* Patron du na-vire.

A Monsieur le (1)

            à

MARINE FRANÇAISE

Modèle C

QUARTIER

d

Année 18

AU NOM DU PEUPLE FRANÇAIS

TRIBUNAL MARITIME COMMERCIAL

Nous (1)
mandons et ordonnons à tous agents de la force publique d'amener par-devant nous,
à   le
à   heure   du   en se conformant à la loi, le nommé

Requérons tout dépositaire de la force publique de prêter main-forte pour l'exécution du présent mandat, s'il en est requis par le porteur.

A   le   mil huit cent

L'an mil huit cent   le
requis par M. le (1)

J'ai,   , gendarme
attaché au service maritime, demeurant en
cette ville, soussigné, signifié et délivré copie du mandat de l'autre part, dont j'ai exhibé
l'original dûment signé.

                              en parlant à   personne;
en conséquence, je   amené à
comparaître devant M. le (1)

(1) Commissaire de l'inscription maritime, Président du tribunal maritime commercial *ou* Rapporteur près ce tribunal.

Modèle D

MARINE FRANÇAISE

QUARTIER D

TRIBUNAUX MARITIMES
COMMERCIAUX

MANDAT

de dépôt ou de mise
en détention pré-
ventive contre l
nommé

prévenu d

(1) Commissaire de
l'inscription mari-
time *ou* Président
du tribunal mari-
time commercial.

AU NOM DU PEUPLE FRANÇAIS

Nous (1)
du quartier d   mandons et ordonnons à tous agents de la force publique
de conduire à la maison de dépôt d
en cette ville, en se conformant à la loi, l
nommé

Enjoignons au gardien de ladite maison de
dépôt d
de l   recevoir et retenir jusqu'à nouvel
ordre.

Requérons tout dépositaire de la force publique de prêter main-forte pour l'exécution
du présent mandat, s'il en est requis par le
porteur.

Fait au bureau de l'inscription maritime,
le   mil huit cent

(1) Commissaire de l'inscription maritime, *ou* Président du tribunal maritime commercial.

L'an mil huit cent   le   requis par M. le (1)   du quartier d   j'ai   , gendarme attaché au service maritime, demeurant en cette ville, soussigné, signifié et délivré copie du mandat de l'autre part

en parlant à   personne   ; en conséquence, je   conduit et déposé   à la maison de dépôt d   pour y rester détenu, et le concierge en a pris charge, dont acte.

Modèle E

MARINE FRANÇAISE

ORDRE DE (1)

(1) Détention *ou* mise en liberté.

QUARTIER
d

Le Concierge de la prison d (2)
le sieur

(2) Y retiendra jusqu'à nouvel ordre, ou pendant...., *ou* mettra en liberté, *ou*....

A   le   18   .

Le Commissaire
de l'inscription maritime,

Modèle F

MARINE FRANÇAISE

QUARTIER D

Il est permis à
de communiquer avec

La présente permission bonne pour

A   le   18   .

Le (1)

(1) Commissaire de l'inscription maritime *ou* Rapporteur près le tribunal maritime commercial.

Modèle G

MARINE FRANÇAISE

———

Le   18

Monsieur le

Le nommé
est accusé

délit prévu par   du décret-loi
du 24 mars 1852.

J'ai, en conséquence, l'honneur de vous prier de vouloir bien autoriser, conformément aux prescriptions de l'article 14 de cet acte, la réunion du tribunal maritime commercial de ce port.

Je suis, avec respect, Monsieur le
votre très humble et très obéissant serviteur.

A Monsieur le

Modèle H

MARINE FRANÇAISE

Le   18

Monsieur le Président,

J'ai l'honneur de vous prier de vouloir bien désigner, conformément aux prescriptions de l'article 14 du décret-loi du 24 mars 1852, un des juges du tribunal de commerce pour faire partie du tribunal maritime commercial de ce port.

Il sera prévenu en temps utile du jour où le tribunal s'assemblera.

Recevez, Monsieur le Président, l'assurance de ma haute considération.

Le Commissaire de l'inscription maritime,
Président du tribunal maritime commercial,

A Monsieur le Président du tribunal de commerce
à

Modèle I

MARINE FRANÇAISE

TRIBUNAL MARITIME COMMERCIAL

Le   18   .

Monsieur,

J'ai l'honneur de vous prévenir que, conformément aux dispositions des articles 16 et 28 du décret-loi du 24 mars 1852, je vous ai désigné pour remplir les fonctions de rapporteur auprès du tribunal maritime commercial, dans l'affaire d   nommé
accusé d

Je vous invite à procéder immédiatement à l'information de cette affaire et à me prévenir aussitôt que votre travail sera terminé, afin que je puisse convoquer le tribunal.

M.   vous assistera dans l'information en qualité de greffier.

Vous trouverez ci-jointes, au nombre de   les pièces du dossier.

Recevez, Monsieur, l'assurance de ma considération distinguée.

Le

A Monsieur

MARINE FRANÇAISE

Le   18

Monsieur,

J'ai l'honneur de vous prévenir que, conformément à l'article 14 du décret-loi du 24 mars 1852, je vous ai désigné pour faire partie, comme juge, du tribunal maritime commercial qui doit se réunir incessamment en ce port pour juger le nommé
accusé d

Vous recevrez avis du jour de la réunion.
Recevez, Monsieur, l'assurance de ma parfaite considération.

Le Commissaire de l'inscription maritime,
Président du tribunal maritime commercial,

A Monsieur

SOUS-ARRONDISSEMENT
d

MARINE FRANÇAISE

Modèle K

QUARTIER

d

CÉDULE A TÉMOIN. TRIBUNAL MARITIME COMMERCIAL

Année 18 .

Nous,
Président du tribunal maritime commercial
du quartier d

mandons au
sieur   , gendarme de la marine
en ce port, de citer

à comparaître   pour
être ouï et déposer la vérité sur tout ce qui
peut être à   connaissance concernant l'inculpation dirigée contre
                et de notifier
que, faute de comparaître,   y ser
contraint   par toutes voies juridiques.

Fait à   le   mil huit cent

Le   soussigné, certifie
s'être transporté
de l'autre part, et y avoir remis la présente
cédule, en parlant a

MARINE FRANÇAISE

QUARTIER

d

TRIBUNAL MARITIME COMMERCIAL

Année 18 .

SOUS-ARRONDISSEMENT

d

—

INTERROGATOIRE

d

—

AFFAIRE

L'an mil huit cent   le
                    au bureau de
l'inscription maritime,
    Devant nous, juge rapporteur
assisté de M.   greffier du tribunal maritime commercial,
    A comparu, en vertu de notre
le dénommé ci-après, prévenu d

Nous l'avons interrogé comme suit :
Demande. — Quels sont vos nom, prénoms, âge, profession, lieu de naissance, domicile ? A quel titre êtes-vous embarqué et
quel est le nom du navire ?

Réponse......

INFORMATION

—

AFFAIRE

d nommé

MARINE FRANÇAISE

TRIBUNAL MARITIME COMMERCIAL

Modèle M

—

QUARTIER

d

—

Année 18 .

L'an mil huit cent le à heures d au bureau de l'inscription maritime du quartier d

Devant nous, juge rapporteur désigné par le Président du tribunal maritime commercial,

Ont comparu, en vertu des cédules des les témoins ci-après, en conséquence d

contre le nommé

Lesquels témoins, après avoir entendu lecture d après avoir prêté le serment de parler sans haine et sans crainte, de dire la vérité, toute la vérité, rien que la vérité, en levant la main et en prononçant : « Je le jure. »; après avoir affirmé n'être ni ascendants, ni descendants, ni frères, ni sœurs, ni alliés au même degré, ou conjoints de l'accusé ou de l'un des accusés du même fait, ont, séparément et hors la présence d accusé ; fait leurs dépositions comme suit, après avoir représenté leurs cédules :

1er TÉMOIN. —

NOTIFICATION
du jour du jugement.

MARINE FRANÇAISE

AU NOM DU PEUPLE FRANÇAIS

Modèle N

—

QUARTIER

d

—

Année 18   .

TRIBUNAL MARITIME COMMERCIAL

L'an mil huit cent   le

Requis par le Commissaire de l'inscription maritime, Président du tribunal maritime commercial du quartier d

je, soussigné,   , gendarme attaché au service de la marine, ai notifié a

nommé

prévenu   d

et détenu   qu'en vertu des ordres de M. le Commissaire de l'inscription maritime, Président du tribunal maritime commercial, il   ser   jugé   par le tribunal maritime commercial du quartier d

le   à   heure du   ; qu'en conséquence, il   doi produire ou faire citer, aux lieu, jour et heure indiqués ci-dessus, les témoins qu'il voud

Faire entendre à décharge, et convoquer défenseur   officieux ; faute de quoi, il sera passé outre audit jugement, et je l   ai délivré copie du présent, parlant à

faisant connaître que les témoins cités à la requête du Président du tribunal maritime commercial sont les sieurs

SOUS-ARRONDISSEMENT

d

—

QUARTIER

d

Modèle O

MARINE FRANÇAISE

Le   18   .

Monsieur,

J'ai l'honneur de vous prévenir que le tribunal maritime commercial dont vous faites partie, s'assemblera le   du mois courant, à   heure   du   au bureau de l'inscription maritime, à l'effet de juger

Recevez, Monsieur, l'assurance de ma considération distinguée.

Le Président
du tribunal maritime commercial,

A Monsieur   , juge au tribunal maritime commercial
à

MARINE FRANÇAISE

TRIBUNAL MARITIME COMMERCIAL   *Modèle P.*

RÉPUBLIQUE FRANÇAISE

AU NOM DU PEUPLE FRANÇAIS

(A) Sous-arrondissement
d

Quartier d
ou Bâtiment de l'État,
ou Colonie d
ou Consulat de France
à

(1) Jour, mois et an.
(2) Désigner l'heure.
(3) Matin ou soir.

(4) Désigner l'article.

(5) Noms, prénoms et
qualités des mem-
bres du tribunal.

(6) Nom du rapporteur

(7) Nom, prénoms et
qualité du greffier.

(8) Indiquer l'autorité
(art. 12 et 14).

(9) Indiquer le lieu
où le tribunal s'est
assemblé (art. 12 et
29).

(10) Nom, prénoms,
grade du *ou* des
prévenus. Les au-
tres indications doi-
vent être données
à la page suivante.

Aujourd'hui (1)
à (2)   heure   du (3)   le tribunal
maritime commercial créé par le décret-loi
disciplinaire et pénal pour la marine marchande du 24 mars 1852, et composé conformément à l'article (4)   dudit décret,
de MM. (5)   président ;

} juges ;

M. (6)   , juge désigné par le
président, en vertu de l'article 16, pour remplir les fonctions de rapporteur ;
M. (7)
faisant fonctions de greffier ;
Tous réunissant les conditions d'âge déterminées par l'article 19, et n'étant ni parents
ni alliés entre eux, ni du prévenu, aux degrés
prohibés par les articles 20 et 21, ni dans les
cas de récusation énoncés à l'article 18,
S'est réuni, avec l'autorisation (8)
a (9)   à l'effet de
juger le (10)

(11) Nature de la pré-
vention.

prévenu (11)

(12) D'office *ou* sur la
plainte d

poursuivi (12)

La séance ayant été ouverte et déclarée publique, le président, après avoir fait déposer sur le bureau un exemplaire du décret-loi du 24 mars 1852, a dit à haute voix, les autres membres du tribunal étant, comme lui, debout et découverts : « Nous jurons devant Dieu de remplir nos fonctions au tribunal maritime commercial avec impartialité. » Chaque membre a répondu : « Je le jure. »

Puis le président a fait donner lecture, par le rapporteur des pièces de la procédure, tant à charge qu'à décharge, au nombre de

Cette lecture terminée, le prévenu été introduit devant le tribunal, où il comparu libre (13)

(13) Assisté d'un dé-
fenseur, *ou* sans dé-
fenseur (art. 31).

Interrogé par le président sur nom , prénoms, qualité, âge, lieu de naissance, filiation, quartier, folio et numéro d'inscription, dernier domicile, nom d navire à bord étai embarqué

L prévenu déclaré (14)

(14) Réponses aux di-
verses questions
énoncées. Ces ren-
seignements pour-
ront être fournis
par le rôle d'équi-
page, dont un ex-
trait sera, au be-
soin, joint aux piè-
ces de la procédure.

Le président a fait connaître a accusé qu'il comparaissai devant le tribunal sous l'inculpation d

(15) Indication des ar-
ticles qui prévoient
les délits.

délit prévu par (15)

Puis il a averti l accusé , ainsi que l défenseur , qu'il est permis de dire tout

ce qu'il juger   utile à   défense sans s'é-
carter, toutefois, des bornes de la décence et
de la modération ou du respect dû au principe d'autorité.

Le président a procédé ensuite à l'interrogatoire d prévenu , a reçu les dépositions
des témoins, tant à charge qu'à décharge,
lesquels témoins n'étaient dans aucun des
cas de récusation ni d'indignité prévus par le
Code d'instruction criminelle et l'article 34
du décret-loi du 24 mars 1852, et ont préalablement prêté serment (excepté ceux qui en
étaient dispensés à cause de leur âge) de parler sans crainte ni haine, et de dire toute la
vérité et rien que la vérité.

Après avoir entendu l prévenu dans
moyens de défense présentés (16)

Après avoir demandé au   prévenu   s'il
n'avai   rien à ajouter dans l'intérêt de
défense, et aux autres membres du tribunal
s'ils n'avaient aucune question à adresser, le
président a déclaré les débats clos ; puis il a
ordonné de faire sortir l   accusé . Le greffier et l'auditoire se sont aussi retirés, sur
l'invitation du président.

Le tribunal délibérant ainsi hors de la présence du public, le président a posé l
question suivante :

Les voix ayant été recueillies dans l'ordre
prescrit par l'article 35, et le président ayant
émis son opinion le dernier, le tribunal, at-
tendu qu'il résulte, tant des débats que (17)

(16) Par lui *ou* par
défenseur.

(17) De l'information,
ou de l'aveu du pré-
venu, *ou* des dépo-
sitions des témoins.

96   MODÈLES.

(18) Relater ici les
faits avec toutes
leurs circonstances
atténuantes ou ag-
gravantes, les ex-
plications du pré-
venu, les motifs qui
font admettre ou
rejeter sa justifica-
tion, etc.

En fait : que (18)

En droit : que ce fait constitue le dé‑
lit prévu par l article

(19) La première ques-
tion, la seconde
question, etc., *ou*
sur la question de
culpabilité, à l'u-
nanimité *ou* à la
majorité de voix
contre

Déclare sur (19)

CONDAMNATION.

Statuant ensuite sur l'application de
peine, les voix recueillies de nouveau de
l'ordre voulu par l'article 35, le tribunal m
ritime commercial condamne le (20)

(20) Nom, prénoms,
grade *ou* fonctions
de l'accusé *ou* des
accusés.

par application de article   du
cret-loi du 24 mars 1852, ainsi conçu : (21)

(21) Relater textuel-
lement l'article *ou*
les articles. S'il y
a plusieurs délits,
la peine la plus
forte sera seule pro-
noncée, et on ajou-
tera, après la cita-
tion de l'article *ou*
des articles du dé-
cret-loi du 24 mars
1852 : « Et par ap-
plication du second
paragraphe de l'ar-
ticle 365 du Code
d'instruction cri-
minelle. »

En conséquence, le tribunal maritime commercial renvoie le (20)

des fins de la plainte, et ordonne qu'il sera
mis immédiatement en liberté, s'il n'est détenu pour autre cause.

Fait, clos et jugé sans désemparer, et prononcé par le président en séance publique,
les jour, mois et an que dessus, et les membres du tribunal ont signé avec le greffier la
minute du présent jugement.

Les Membres du tribunal,

Le Président,

Le Greffier,

Soit exécuté selon sa forme et teneur.
Le Président,

Le présent jugement a été notifié au Commissaire de l'inscription maritime du quartier
d   dans la forme déterminée par la
circulaire du 4 mars 1853 (*Bulletin officiel,*
p. 182), et le bulletin destiné aux casiers judiciaires a été transmis au procureur de la
République à   conformément aux
prescriptions de la circulaire du 13 octobre
1862 (*Bulletin officiel,* p. 348). (22).

*Le Président
du tribunal maritime commercial,*

(22) Les tribunaux maritimes commerciaux réunis à bord des bâtiments de
l'État et dans les consulats n'ont pas
à se préoccuper de ce dernier envoi.

TRIBUNAL MARITIME COMMERCIAL

Modèle Q

Nᵒ

Extrait d'un jugement en date du
maritime commercial réuni à
contre le nommé

18   *, rendu par le tribunal*
et portant condamnation

NOM, PRÉNOMS, AGE, LIEU DE NAISSANCE et filiation.	GRADE AU SERVICE et qualité à bord du bâtiment.	QUARTIER, folio et numéro d'inscription.	PROVENANCE du CONDAMNÉ.	NATURE du DÉLIT.	PRONONCÉ du TRIBUNAL.	ARTICLES DU DÉCRET du 24 mars 1852 dont il a été fait application.	DESTINATION donnée AU CONDAMNÉ.
1	2	3	4	5	6	7	8
Né le à département d fils de et de							

(1) Du bureau de l'inscription maritime
du quartier d
ou du consulat de France à
ou du bâtiment de l'État l .

Vu :

Le Président du tribunal,

Pour extrait conforme à la minute déposée
aux archives (1)

Le   *faisant fonctions de greffier,*

MODÈLES.

99

MARINE FRANÇAISE

Le   18   ,

Monsieur le Procureur de la République,

Conformément aux dispositions de l'article 41 du décret-loi du 24 mars 1852, j'ai l'honneur de vous remettre une expédition du jugement rendu le   de ce mois par le tribunal maritime commercial, et qui condamne le nommé
du navire *l*   à   de prison.

Je vous serai obligé de vouloir bien me faire connaître, pour que mention en soit faite par le greffier, selon le vœu de la loi, si la sentence que prononce ledit jugement a été exécutée.

Recevez, Monsieur le Procureur de la République, l'assurance de ma considération la plus distinguée.

Le Président du Tribunal maritime commercial,

Modèle S

MARINE FRANÇAISE

Le   18   .

MONSIEUR LE PROCUREUR DE LA RÉPUBLIQUE,

J'ai l'honneur de vous transmettre, pour être classé
au casier judiciaire du tribunal civil d
bulletin   constatant   condamnation   prononcée   par le
tribunal maritime commercial réuni à
contre   individu   né   dans l'arrondissement d

Recevez, Monsieur le Procureur de la République, l'assurance
de ma considération distinguée.

Le Commissaire de l'Inscription maritime,
Président du Tribunal maritime commercial,

Nº 1.   *Modèle T*

BULLETIN INDIVIDUEL   (1)

à classer
alphabétiquement
au

GREFFE DU TRIBUNAL
d

—

TRIBUNAL

MARITIME COMMERCIAL

réuni à

RENSEIGNEMENTS :

Célibataire.
Marié.
Veuf.
Nombre des enfants.

fils d
et d
âgé de   ans, étant né le
à   , arrondissement d
département d   demeurant à
arrondissement d
inscrit au quartier maritime d
fº   nº

PROFESSION :

Condamné par un jugement du Tribunal
maritime commercial réuni à
en date du   à la peine
de
pour

par application de   article
du décret-loi disciplinaire et pénal pour la
Marine marchande du 24 mars 1852.

Pour extrait conforme :

Le Greffier
du Tribunal maritime commercial,

(Timbre.)

Vu :

Le Commissaire de l'Inscription maritime,
Président du Tribunal,

(1) Nom, prénoms et surnoms du condamné. Écrire les noms patronymiques *en*
gros caractères et très lisiblement.

TABLE DES MATIÈRES

Pages.

AVERTISSEMENT. I

TITRE Ier

INFRACTIONS ET PÉNALITÉS

Chapitre Ier. — Fautes de discipline   1
Chapitre II. — Délits.   9
Chapitre III. — Crimes. 31

TITRE II

JURIDICTION COMPÉTENTE

Chapitre Ier. — Fautes de discipline. 38
Chapitre II. — Délits. 40
Chapitre III. — Crimes. 46

TITRE III

PROCÉDURE

Chapitre Ier. — Fautes de discipline. 47
Chapitre II. — Délits. 48
Chapitre III. — Crimes. 58
Modèles. 61

TABLE ANALYTIQUE ET ALPHABÉTIQUE

(Le chiffre indique la page du Code)

A

Abandon du navire par le capitaine, 24, 25.
Abrogation des dispositions antérieures au décret, 36.
Absence non autorisée du bord, 2.
Abus de pouvoir, 23, 39.
Age du président, des juges, 45.
Altération des vivres, boissons, etc., 9, 33, 34.
Amendes, 11, 13, 14, 19 à 21, 23, 26 à 30, 57, 58.
Armes embarquées clandestinement, 10.
Arrêts forcés, 5, 6.
Autorité du capitaine, 34, 35.

B

Baraterie, 31 à 33.
Boissons altérées, 33 à 34.

C

Caisse des Invalides, 5, 7, 12, 16.
Capitaine. — Il connait des fautes de discipline, 38 ; — sous condition de rendre compte de celles qu'il applique, 39. — Comment il doit procéder, 40. — Étendue du pouvoir disciplinaire qui lui est attribué, 40. — Il tient le livre de punitions, 47. — Il reçoit les rapports relatifs aux délits et crimes commis à bord et les constate lui-même, 48. — A qui adresse-t-il sa plainte ? 49. — *Quid*, s'il est

lui-même prévenu d'un délit? 50. — Quand les capitaines subissent-ils les peines prononcées contre eux ? 55. — Le capitaine fait transcrire le jugement sur le livre de punitions, 56. — Peines qu'il encourt s'il ne se conforme pas aux chapitres Ier et II du titre II du Code, 30 ; — s'il refuse ou néglige de remplir les formalités prescrites aux titres Ier et II du Code, 30. — Que fait-il du prévenu d'un crime? 58. — Il est compris sous la dénomination d'officier, 6. — Peines encourues par ceux qui l'outragent, 12 ; — qui se portent à des voies de fait contre lui, 13 ; — qui refusent de lui obéir, 14. — Peines qu'encourt le capitaine qui maltraite ou frappe un marin ou un passager, 24 ; — qui, volontairement, détruit, dégrade ou vend un objet utile à la navigation, 20 ; — qui altère les vivres, boissons, etc., 21 ; — qui, hors le cas de force majeure, prive l'équipage de l'intégralité de la ration stipulée avant le départ, 21 ; — qui fait ou autorise la contrebande, 22 ; — qui s'enivre pendant qu'il est chargé de la conduite du navire, 23 ; — qui se permet ou tolère des abus de pouvoir à son bord, 23 ; — qui exerce des voies de fait envers un marin ou un passager, 24 ; — qui abandonne son navire à la mer en cas de péril, 24 ; — qui rompt son engagement ou abandonne son navire avant d'avoir été dûment remplacé, 25 ; — qui consent à n'être que porteur d'expéditions, 25 ; — qui enfreint les prescriptions des articles 224, 225 et 227 du Code de commerce, 26 ; — qui, à son arrivée sur une rade française ou à son départ, s'abstient de se rendre à bord du bâtiment de guerre français commandant la rade, 28 ; — qui, sciemment, ne se conforme pas aux règles établies pour la police de la rade, 28 ; — qui refuse d'obéir aux ordres relatifs à la police de la navigation ; qui outrage les fonctionnaires ou agents de la marine dans l'exercice ou à l'occasion de l'exercice de leurs fonctions, 29. — Le capitaine peut être suspendu ou privé de la faculté de commander par le ministre, 11. — Baraterie du capitaine, 32. — Vols qu'il commet à bord, 33. — Étendue de son autorité, 34. — Il peut employer la force pour mettre l'auteur d'un crime hors d'état de nuire ; les marins de l'équipage sont tenus de lui prêter main-forte, il n'a pas juridiction sur le criminel, 31. — Légitime défense du capitaine. 35.

Cassation des jugements, 41.

Cédule à témoin, 83.

Circonstances atténuantes, 58, 59.

Commandement usurpé, 26.

Commentaire Derche, I.

Communication avec un prisonnier, 73.

Compétence, 39, 40 à 42, 46.

Complicité de désertion, 19, 37.

Complot, 34.

Condamnés. — Comment ils doivent être traités à bord des bâtiments qui les transportent en France ou aux colonies pour y subir leur peine, 55.
Conduite des prisonniers par la gendarmerie, 54.
Conflit, 40, 42.
Constatation des délits, 48, 49, 63.
— des crimes, 58, 59.
Contrebande, 22, 23.
Convocation du tribunal, 50.
— des juges, 50.
Couteaux de poche considérés comme armes, 34.
Crimes, 31 à 35.
Cumul des peines, 8.

D·

Débarquement administratif, 37.
Défaut, 52.
Défense légitime, 35.
Défenseur, 52.
Dégradation, destruction d'objets à l'usage du bord, 9.
Délits communs, 41, 49, 50.
Dépôt (Mandat de), 69.
Déserteurs, 15, 16.
Désertion, 10, 14, 16 à 18.
— d'individus non incrits, 10, 15.
— C'est un délit successif, 42.
— *Quid* du complice ? 19, 37.
Désobéissance. — Ses divers caractères, 1, 9.
Détention (Ordre de), 71.
— préventive, 50.
Discipline. — Voir *Fautes de discipline*.

E

Embarquement correctionnel, 11, 15, 17, 18.
Emploi non autorisé d'une embarcation du bord, 9.
Engagement. — Quand contracté ? 14.
— — Rompu par le capitaine, 25.
Extrait du jugement, 56.

F

Fautes de discipline, 1 à 7.
    —   réitérées, 9.
Feux allumés sans permission, 2.
Forme de procéder, 47 à 58.

G

Gendarmerie, 16, 54.
Gradation des peines, 11, 53.
Greffier, 45, 49, 79.

I

Information, 50, 65, 87.
Infractions aux règlements sur la pêche maritime côtière, 2.
Interrogatoire du prévenu, 52, 85.
Ivresse, 1, 9, 20.

J

Jugement (libellé), 53.
    —   (extrait), 56.

L

Légitime défense, 35.
Libellé du jugement, 53.
Livre de punitions, 47, 48.
Livre timbré, 26.

M

Maître. — Voir *Capitaine*.
Mandat d'amener, 67.
    —   de dépôt ou de mise en détention préventive, 69.

Manque de respect envers un supérieur, 2.
Matières inflammables, 10.
Mécaniciens, 6.
Mise en liberté, 71.
Mutinerie, 10.

N

Négligence, 2.
Négociants et armateurs, 25.
Notification du jour du jugement, 89.

O

Officiers du commerce, 6, 20, 34.
Outrages par paroles, gestes ou menaces, 12, 13, 29.

P

Parenté entraînant récusation, 46.
Passagers, 7, 15.
Patron. — Voir *Capitaine*.
Payement de l'équipage en dehors de la surveillance de l'administra-
tion, 29.
Pêche côtière (Infractions), 2.
Peines afflictives ou infamantes, 31 à 34.
   — disciplinaires, 3, 8.
   — correctionnelles, 11, 13 à 15, 17 à 21, 23 à 26, 28 à 31.
   — en matière criminelle, 1, 31 à 34.
Permis de communication avec un prisonnier, 73.
Personnel valide, 44.
Police des séances, 51.
Porteurs d'expéditions, 25.
Poudres embarquées clandestinement, 10.
Pouvoir disciplinaire du capitaine, 38 à 40.
Prescription, 40, 42, 46.
Présence du capitaine à bord, 26.
Présidence du tribunal, 41, 42.
Prévention, 50.
Publicité des séances, 51.